AF453562

RÉPERTOIRE

DE TABLEAUX,

DESSINS ET ESTAMPES.

RÉPERTOIRE DE TABLEAUX,

DESSINS ET ESTAMPES,

Ouvrage utile aux Amateurs.

PREMIERE PARTIE.

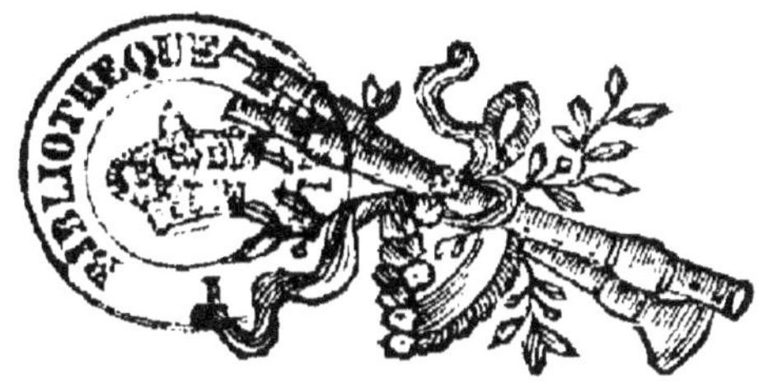

A PARIS,

Chez
{
DEMONVILLE , Imprimeur - Libraire de l'Académie Françoise, rue Christine ;
MUSIER, Libraire, quai des Augustins ;
JOULLAIN, quai de la Mégisserie.

M DCC LXXXIII.

Avec Approbation, & Privilege du Roi.

AVERTISSEMENT.

LES Ventes qui se font multipliées à l'infini, depuis celles de *M. Mariette*, *M. Neyman*, *M. de Gagny*, *Mgr. le P. de Conti*, *M. de Boisset*, &c., la quantité de Catalogues qu'elles ont fait naître, la différence des prix d'une année à l'autre, le changement de Possesseurs, tous ces motifs réunis ont donné l'idée de ce Répertoire dans lequel on indique la filiation d'un objet ; les différens Cabinets où il a passé successivement, les prix auxquels il a été porté, & le Cabinet où il est actuellement.

L'avantage que l'Auteur a eu d'être reçu favorablement par MM. *le Duc de Brissac, le Maréchal de Noailles, le Duc de Praslin, le Duc de Chabot, le*

*Comte de Merle , le Vicomte de Choi-
seul*, &c., &c., n'a pas peu contribué
à l'encourager dans cette entreprise ,
que le temps pourra rendre très-utile
aux Amateurs, aux Artistes, & même
aux Marchands.

Les Tableaux font raffemblés par
ordre alphabétique dans leurs Ecoles :
du même coup-d'œil, on voit les nu-
méros des Catalogues où ils font cités,
les prix qu'ils ont été vendus, & les
noms des Perfonnes qui les poffedent
actuellement. Il y en a beaucoup qui
font indiqués, quoiqu'il n'y ait point
de comparaifon de prix ; mais leur
mérite les y a fait admettre.

Cet Ouvrage eft divifé en deux
Parties : *les Tableaux* pour la premiere, *les Deffins & Eftampes* pour la
feconde, qui fuivra de près celle que
l'on offre aux Amateurs.

L'Auteur recevra avec reconnoif-
fance toutes les obfervations qui pour-
ront lui être faites, & il en profitera
pour le perfectionner.

On trouve à la fin de cette premiere Partie la Table Alphabétique
des Peintres dont il eft mention dans
cet Ouvrage ;

La Table des Noms des différens Amateurs dont les Cabinets font
cités ;

Et à la fin de la feconde, la Note
des Catalogues dont l'Auteur a fait
ufage.

T. B. C. fignifient *toile, bois, cuivre.*

PAGE 7 , le 1er. art. du DOMINIQUAIN eſt dans le Cabinet de *M. le D. de Praſlin.*

P. 17 , 2e. ligne, après 300 liv., ajoutez : *M. le D. de Praſlin.*

Iibid. le 1er. art. eſt au même Cabinet.

P. 30 , au 3e. art. où on lit, *M. Aved* ; il n'y a point de numéro , ni de prix , ce Tableau n'étant point indiqué dans le Catalogue de ſa Vente.

P. 47 , au 2e. art. n°. 39 , M. de Nogaret , 1780 : *ajoutez* le prix.

P. 49 , 4e. lig. , ſupprimez, *M. Aubert* , & liſez , *M. le D. de Praſlin.*

P. 59 , M. de la Live de Jully, 1ere. l., *ajoutez* le prix.

P. 61 , 9e. lig. , par J. Moyreaux, *liſez* Moyreau. Cet article , mis mal-à-propos à *Teniers* , eſt de *Wouvermans.*

RÉPERTOIRE

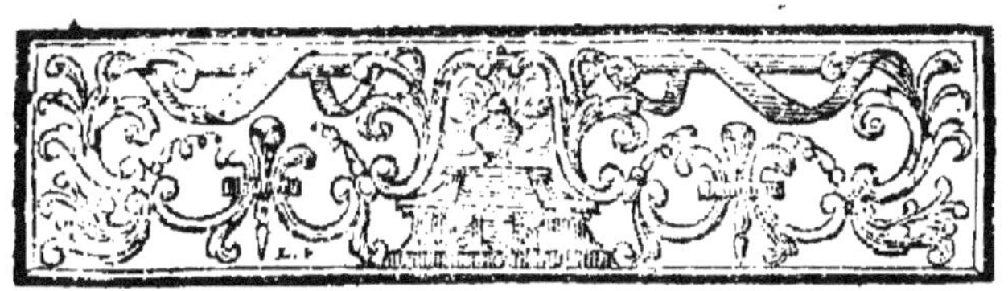

RÉPERTOIRE
DE TABLEAUX,
DESSINS ET ESTAMPES.

PREMIERE PARTIE.
TABLEAUX.

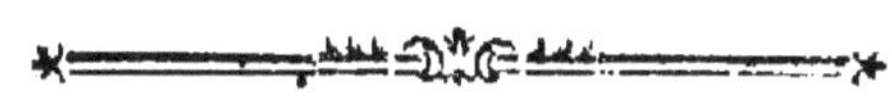

ECOLE D'ITALIE.

ALBANE. (F.)

La Vierge affise; elle tient l'Enfant Jéfus, que S. Joſeph regarde. Hauteur 12 pouces, largeur 9 pouces. C.

4. *M. le Comte de la Guiche*,   674 livres.
5. *M. de Boiſſet*, ... 1500 liv. 1 f.
10. *M. Poullain*, ... 1500 liv. 1 f.

A

Mercure parlant à Apollon. Dans le haut du
Tableau on voit l'assemblée des Dieux.
H. 32 po., L. 37 po. T.

2. *M. Ladvocat*, ... 4001 liv.

76. *Monseigneur le P. de Conti*, 3220

9. *M. Poullain*, ... 1305

Diane hors du bain. H. 28 po., L. 34
pouces. T.

1. *M. Ladvocat*, ... 5200 liv.

77. *Mgr. le P. de C.* . . . 2401

9. *M***. Boileau*, 1779, . 1301

M. Avril, Graveur.

B A S S A N. (Jacques)

Les Noces de Cana. H. 4 pi., L. 6 pi. 6
po. T.

91. *M. le Duc de Tallard*, . 11130 liv.

C A N T A R I N I, (S.) dit le P E S A R E S E.

S. Jean - Baptiste prêchant dans le désert.
H. 13 po. 9 lig., L. 17 po. 9 lig. C.

175. *M. le Prince de Carignan*, 901 liv.

433. *M. de Fonspertuis*, . . 606

74. *M. le Duc de Tallard*, . 800

M. Silvestre.

CARRACHE. (Annibal)

S. François affis fur fon lit , rendant les derniers foupirs ; autour de lui on remarque plufieurs Religieux qui femblent témoigner leur douleur : au-deffus eft une gloire d'Anges, dont l'un joue du violon. H. 25 po., L. 18 po. B. Ce Tableau a été gravé par G. *Audran.*

M. le P. de Carignan , 1301 liv.
52. *M. le Duc de Tallard ,* 1052 liv. 10 f.
M. Hoët.

CARRACHE. (Auguftin)

L'Enfant Jéfus fur les genoux de la Vierge ; il tient un chardonneret. H. 3 pi. 8 po., L. 3 pi. 2 po. T.

59. *Mgr. le P. de Conti ,* . 3700 liv.
6. *M***. Lebrun ,* 1778.
6. *M. de Nogaret ,* 1782 , . 2602

Ste. Catherine accompagnée de deux Anges dont un la couronne. H. 2 pi. 9 po. , L. 2 pi. 5 po. B.

47. *Mgr. le P. de Conti ,* . 3750 liv.

A 2

7. *M***. Boileau ,* 1779 , . 1700 liv.

Dans ces deux Catalogues , ce Tableau étoit atttribué au Correge.

5. *M. de Nogaret ,* 1782 , . 2400

C a s t i g l i o n e. (Benedette)

La fortie de l'Arche. H. 3 pi. 4 po., L. 3 pi. 6 po. T.

138. *Mgr. le P. de Conti ,* . . 1051 liv.

38. *M***. Boileau ,* 1779 , . 420

Une Marche d'animaux dans un Payfage. H. 37 po., L. 50 po. T.

7. *M. Lempereur ,* . . . 1555 liv.

139. *M. le P. de Conti ,* . . 1650

C i g n a n i. (Carle)

La Vierge tenant fur fes genoux l'Enfant Jéfus; S. Jofeph lit , S. Jean eft prof-terné ; trois Anges, dont un eft en ado-ration. H. 3 pi. 4 po., L. 4 pi. 8 po. T.

Il étoit attribué à Stella. Son Alteffe l'avoit acheté de *M. Rouffèl* 96 liv.

548. *Mgr. le P. de Conti ,* . 1761 liv.

33. *M***. Boileau ,* 1779 , 1600

Une Femme en méditation, elle tient un livre de la main gauche. H. 24 po., L. 19 po. C.

76. *M. le Duc de Tallard*, . 3001 liv.
5. *M. Gaignat*, ... 3221
6. *M. de Boiſſet*, . . . 3500

CORREGE (Antoine)

La Folie. Ce Tableau repréſentoit ci-devant Io recevant les embraſſements de Jupiter transformé en nuage.

Mgr. le D. d'Orléans, Prince d'une piété exemplaire, vouloit le détruire entiérement; mais ſon goût pour les Arts le détermina à ſupprimer ſeulement la tête d'Io, & il fit préſent du Tableau en cet état à M. Coypel ſon premier Peintre. Il avoit appartenu à *Chriſtine, Reine de Suede,* & fut acheté à Rome des héritiers de *Don Livio Odeſcalchi,* par ſon Alteſſe Royale. H. 4 pi. 3 po., L. 2 pi. 6 po.

1. *M. Coypel,* 1753, . . 5602 liv.

Le Tableau des Amours de Léda & de Jupiter métamorphoſé en cygne, préſent

fait pareillement à M. Coypel par M.
le D. d'Orléans. Il eut le même fort que
le précédent, mais étoit affez entier cependant pour qu'on ait pu en former
trois Tableaux, le premier de 3 pi. en
quarré, & les deux autres de 4 pi. 10 po.
de haut fur 2 de large.

2. *M. Coypel*, 1753 , . . . 16050 liv.
1. *M. Pafquier*, 1755 , . . 21060

> *Pour le Roi de Pruffe.*

Une femme vue à mi-corps & de profil :
elle tient un livre. Ce Tableau, connu
fous le nom de la Lifeufe , vient du Cabinet de *M. de la Chataigneraie.* H. 25 po.,
L. 19 po.

39. *M. le Duc de Tallard* , . 3601 liv.
> *M. Silveftre.*

C O R T O N N E. (Pietre de)

La rencontre de Laban & de Jacob , compofition de cinq figures & trois enfans.
H. 6 pi. 1 po., L. 5 pi. 2 po. T.

3. *M. Ladvocat*, ... 3620 liv.
Ce Tableau étoit regardé comme original.

21. *Mgr. le P. de Conti,* . . 36001 liv.
Lebrun, pour l'Angleterre.

A la vente de M. Trudaine, M. Joullain exposa un Tableau de la même composition qui étoit attribué à ce Maître. Il fut retiré.

Hérodiade tenant la tête de S. Jean sur un plat; au-dessus est une gloire d'Anges. H. 37 po., L. 28 po.

31. *M. le D. de Tallard,* . . 900 liv.
M. de la Reyniere.

· DOMINIQUAIN. (Le)

N. S. portant sa croix : pour pendant, des bourreaux élevant la croix. H. 7 po. 6 l., L. 9 po. 6 l., forme ovale : peints sur pierre de touche. Ils ont fait partie du Cabinet de M. le Comte d'Hoyne, qui les acheta 2400 liv.

70. *M. le Duc de Tallard,* . 4216 liv.
31. *M. de Jullienne,* . . . 2012

S. Pierre dans la prison au moment où l'Ange brise ses fers. H. 3 pi. 8 po., L. 4 pi. 6 po. T. Il y en a une Estampe gravée par *J. Mariette.*

69. *M. le Duc de Tallard ,* . 3420 liv.

Pour le Roi de Pruſſe.

Un Tableau repréſentant une Sainte Famille. H. 4 pi. 6 po., L. 3 pi. 10 po. T.

2. *M. Aved ,* . . . . . . 720 liv.

16. *M. l'Abbé Guillaume ,* . . 342

Pour le Roi.

F E T I (Dominique)

Le jeune Tobie ſe préparant à rendre la vue à ſon pere. H. 3 pi. 5 pò., L. 4 pi. 5 po. T.

25. *M. le D. de Tallard ,* 6004 liv. 4 ſols.

M. de la Reyniere.

La Vie Champêtre. H. 30 po., L. 25 po. B. Ce Tableau étoit dans le Cabinet de *M. Biberon de Cormeri.*

Il y a à Paris deux Tableaux de cette même compoſition, l'un chez le Roi, & l'autre chez Mgr. le Duc d'Orléans. Le premier, gravé par *Thomaſſin* ſous le titre de *l'Homme condamné au travail ,* & par *J. B. Scotin ,* ſous le nom de *la Vie cham-pêtre ,* ſe voit au Luxembourg ; & le ſe-cond au Palais Royal.

26. *M. le Duc de Tallard,* . 1310 liv.

M. *le Comte de Stroganoff.*

La Madeleine à genoux, méditant fur une tête de mort, ou la Mélancolie. H. 63 po., L. 48 po.

M. Dupleſſis, Tréſorier Général des armées du Roi d'Eſpagne, l'apporta en France; M. le Prince de Carignan en fit l'acquiſition, & le confronta avec celui du Roi: du fentiment des Connoiſſeurs alors préſens, le Tableau fut jugé original. Il a été gravé par Thomaſſin, & fait partie du Cabinet Crozat.

35. *M. le Prince de Carignan,* 900 liv.

27. *M. le D. de Tallard,* . 581 liv. 2 f.

G u i d o. (Reni)

Notre Seigneur dans l'âge d'adoleſcence, embraſſant S. Jean : le fond eſt un payſage. Ce Tableau eſt gravé par *G. Rouſſelet.* H. 13 po. 6 lig., L. 10 po. B.

63. *M. le D. de Tallard,* . 2002 liv.

M. *de Billy.*

Cléopâtre fe faifant piquer par un Afpic. H. 45 po., L. 34. po. T.

61. *M. le D. de Tallard*, . . 1530 liv.

Pour le Roi de Pruſſe.

La Véronique tenant un linge ſur lequel eſt imprimée la Sainte Face. **H.** 30 po. , **L.** 24 po. **C.**

2. *M. Lempereur* , ... 1100 liv.
62. *Mgr. le P. de Conti* , . . 852
3. *M***. Lebrun*, 9 Av. 1781 , 1100

GUIDO (Reni) & S. CANTARINI dit le PESARESE.

Deux Sujets de Sainte Famille , gravés à l'eau forte par *ce dernier*. **H.** 15 po. , **L.** 21 po. **B. & T.**

1 & 2. *M. de la Live de Jully* , . 5830 liv.
64. *Mgr. le P. de Conti* , . . 16000
13 & 14. *M***. Boileau*, 1779 , 7202

M. le Comte de Merle.

GUERCHIN. (BARBIERI dit le)

La Madeleine à genoux près d'un piedeſtal, ſur lequel eſt un linge & la couronne d'épines. **H.** 11 po. 6 lig., **L.** 9 po. **C.** ceintré du haut.

593. *Mgr. le P. de Conti* , . 1200 liv.
    Atribué à Lubin Beaugin.

10. *M***. Boileau* 1779 , . 1021
                              M. Aubert.

Loth & ses filles. H. 5 pi. 10 po., L. 5
    pi. T.

3. *M. Aved,* 1766 , ... 400 liv.
5. *M. l'Abbé Guillaume,* 1769 , 410
                              Pour le Roi.

GUERCHIN & F. ALBANE.

Susanne & les Vieillards, du *Guerchin;* N.
    S. & la Samaritaine, par l'*Albane.* H. 18
    po., L. 22 po. T.

5. *M. le Comte de la Guiche,* 1200 liv.
74. *Mgr. le P. de Conti* , . 2000

JOSEPIN.

Adam & Eve chassés du Paradis terrestre.
    H. 19 po., L. 14 po. C.

76. *M. le P. de Carig.* 1743 , . 775 liv.
13. *M. le P. de Conti,* 1777 , . 3000

MOLE. (P. F.)

La Vierge tenant l'Enfant Jésus; S. Joseph

eſt occupé à lire : on voit quatre Chérubins ſur des nuages. H. 27 po., L. 22
po. T.

22. *M. le P. de Conti*, . . . 1600 liv.

12. *M. de Nogaret*, 1782 , . 900

Clorinde & Herminie. H. 2 pi. 10 po.,
L. 5 pi. T.

23. *Mgr. le P. de Conti* , . . 1501 liv.

32. *M***. Boileau*, 1779 , . 1300

13. *Mgr. de Nogaret*, 1782 , 350

M U R I L L O S. (B. E.)

La Vierge aſſiſe , tenant l'Enfant Jéſus ſur
ſes genoux. H. 5 pi., L. 3 pi. 4 po. 6.
lig. T.

3. *M. Paſquier*, 1755 , . . 3151 liv.
Pour le Roi de Pologne.

La même Compoſition. H. 5 pi., L. 3. pi.
8 po. T.

18. *M. de Boiſſet*, 1777 , 10999 liv. 19 ſ.

S. Joſeph aſſis & tenant l'Enfant Jéſus entre
ſes bras. H. 12 po. 6 lig., L. 9 po. T.,
ceintré du haut.

163. *M. le P. de Conti*, . . 1592 liv.
22. *M. de Nogaret*, 1782, . 901

Le Bon Pasteur ; pour pendant S. Jean ca-
ressant son mouton. H. 5 pi., L. 3 pi.
3 po. T.

13. *M. le C. de la Guiche*, 12999 liv. 19 s.

Jésus Enfant ou le Bon Pasteur. H. 16 po.
3 lig., L. 11 po. 3 lig.

26. *M. Lempereur*, . . . 1560 liv.
162. *M. le P. de Conti*, . . 1401

Les Noces de Cana. H. 5 pi. 4 po., L. 7
pi. 2 po. T.

83. *M. de Jullienne*, . . . 6000 liv.
23. *M. l'Abbé Guillaume*, 1769, 6432

Pour le Roi.

Il en fut vendu un pareil & du même Maître.

164. *M. le P. de Conti*, . . 5060 liv.
36. *M***. Boileau*, 1779, . 5010

M. de Presle.

Un jeune Garçon assis sur une natte, cher-
chant à détruire ce qui l'incommode.
H. 4 pi., L. 3 pi. 4 po. T.

8. *M. Gaignat* , ... 1544 liv.
1. *M. de Ste. Foix* , . . . 3600 liv.
Pour le Roi.

PALME. (J.)

La Vierge affife tenant fur fes genoux l'Enfant Jéfus qui embraffe S. Jean : le fond repréfente un Payfage. H. 2 pi. 11 po., L. 3 pi. 6 po. B.

90 *M. le D. de Tallard* , . . 701 liv.
M. de Prefle.

PANINI. (J.P.)

Deux Tableaux, dont l'un repréfente les reftes d'un ancien Palais, où l'on voit entr'autres figures la ftatue d'Hercule. H. 2 pi. , L. 18 po. T.

2. *M. Vaffal de St. Hubert* , . 2800 liv.
M. le Comte de Merle.

Deux autres repréfentant diverfes ruines de l'ancienne Rome : dans l'un fur le devant on voit la Colonne Trajane, l'Arc de Titus, &c.; dans l'autre on remarque le Panthéon, les ftatues de l'Hercule Farnefe & de Marc-Aurele. H. 3 pi., L. 4 pi. 2 po. T.

71. *M. de Menars* , . . . 2001 liv.

M. Rousseau.

Il y a dans le Cabinet de M. le Comte de Merle une riche compofition des Noces de Cana. Ce Tableau porte 36 po. 6 lig. de haut fur 4 pi. 2 po. 6 lig. de large. T.

Notre Seigneur chaffant les Vendeurs du Temple. Pour pendant la Pifcine miraculeufe. H.' 3 pi. 1 po., L. 4 pi. 1 po. T.

16. *M. de Boiffet* , . . 5599 liv. 19 f.

M. le Duc de Chabot.

RAPHAEL SANCIO D'URBIN.

Le Portrait de ce Peintre. H. 20 po. , L. 15 po.

6. *M. le P. de Conti* , . . . 1480 liv.

1. *M***. Boileau* , 1779 , . 610

2. *M. de Pange* , 1781 , . . 600

M. le Comte d'Orfay.

La Tête de S. Jean. H. 18 pc., L. 13 po. T., de forme ovale.

7. *M. le P. de Conti* , . . . 500 liv.

1. *M. de Pange* , ... 561

Attribuée à RAPHAEL dans ces deux Catalogues.

R O S A L B A   C A R R I E R A.

Les Quatre Saisons repréſentées chacune
par une demi - figure de fille, avec des
attributs qui les caractériſent. Ces quatre
morceaux ſont au paſtel. H. 22 po., L.
17 po.

4. *L'Electeur de Cologne*, 1764, 3080 liv.
Cette Artiſte les fit pour ſon Alteſſe Electorale.

65. *M. de Jullienne*, 1767, . 1800 liv.

Deux Tableaux au Paſtel, dont chacun
eſt compoſé d'un grouppe de deux figures
de femmes à mi-corps, qui repréſen-
tent, l'un la Paix & la Juſtice, & l'autre
les deux Poëſies. Ces deux morceaux
avoient été apportés en France par M. le
Cardinal de Polignac.

M. Paſquier , . . . 2416 liv.

117. *M. le D. de Tallard ,* . 2800
Pour Mde. la Dauphine, qui en fit
préſent au Roi de Pologne.

Le buſte d'une femme Vénitienne, coëſſée
d'un chapeau de fleurs. H. 13 po., L.
11 po.

5.

5. *M. Mariette*, ... 800 liv.

130. *Mgr. le P. de Conti*, . . 300

Le Buste d'un jeune homme, la tête nue & le col de sa chemise déboutonné. Même grandeur.

6. *M. Mariette*, . . . 350 liv. 1 f.

131. *Mgr. le P. de Conti*, . 572

ROSE. (SALVATOR)

Deux Paysages; dans l'un on remarque une chasse au cerf. H. 18 po., L. 3 pi. T.

120 & 121. *M. le D. de Choif.*, 4840 l.

Vendus en deux articles.

144 & 145. *Mgr. le P. de Conti*, 5099 l. 19 f.

Un Paysage où l'on remarque Apollon, la Sibylle de Cumes ayant ses deux mains pleines de sable, & deux autres Sibylles. H. 5 pi. 4 po., L. 7 pi. 11 po. T.

78. *M. de Jullienne*, . . . 12012 liv.

SARTE. (André del)

La Vierge tenant l'Enfant Jésus sur ses genoux; on voit à sa droite Ste. Elisabeth qui présente le petit S. Jean à l'Enfant

B

Jéſus : de l'autre côté eſt Ste. Catherine.
H. 3 pi. 1 po., L. 2 pi. 6 lig. B.
Ce Tableau a fait partie des Cabinets de Mme. la
Comteſſe de Verrue & de M. le Comte de Morville.
4. *M. le D. de Tallard* , . . 6300 liv.

S C H I D O N. (B.)

La Vierge, l'Enfant Jéſus, S. Joſeph &
S. Jean. B. de forme ronde. 2 pi. 8 po.
de diametre.
43. *M. le P. de Carignan* , 1743 , 720 liv.
Il y avoit un pendant par L. CARRACHE.
48. *Mgr. le P. de Conti* , 1777 , 5001 liv.

S O L I M E N E. (F.)

L'Annonciation. H. 3 pi. 2 po., L. 3 pi.
11 po. T.
15. *M. Lempereur* , ... 2000 liv.
156. *Mgr. le P. de Conti* , . . 2380

Le Repos en Egypte, gravé à Londres par
Baron en 1724. H. 18 po., L. 24 po. T.
15. *M. de Boiſſet* , ... 1400 liv.
13. *M. Poullain* , ... 1541

T I N T O R E T. (J. ROBUSTI dit LE)

Le Veau d'Or. H. 37 po., L. 28 po.

195. *M. le P. de Carignan*, . . 210 liv.
99. *M. le D. de Tallard* , . . 1602
Vendu à M. le M. de Peruzzi, à Avignon.

TITIEN. (LE)

Le Portrait en pied de Dieudonné de Gozon, 27ᵉ. Grand-Maître de l'Ordre de S. Jean de Jérusalem , maintenant l'Ordre de Malte ; il est armé , & tient une lance : près de lui on voit un chien; & , de l'autre côté , un Enfant tient son casque sur le sommet duquel on voit un dragon : le fond est un Paysage. H. 6 pi. 11 po. , L. 5 pi. 1 po. T. Ce Tableau vient originairement du Cabinet de M. de la Chataigneraye.

204. *M. le P. de Carignan* , . 1750 liv.
82. *M. le D. de Tallard* , . . 1140

M. Hoët.

Le Pape Adrien VI en robe garnie de fourrure , la main droite posée sur un globe, & l'autre sous le bras gauche de Charles-Quint. H. 3 pi. 6 po., L. 2 pi. 6 po. T.
2. *M. de Gaignat* , ... 2410 liv.

Mgr. le D de Brissac.

Diane surprise au bain par Actéon. H. 20
po. , L. 25 po. T.

91. *Mgr. le* **P.** *de Conti* , . . 6951 liv.

15. *M***. Boileau* , **1**779 , . 3600

20. *M. de Nogaret* , 1782 , . 4000

Vénus retenant Adonis. H. 6 pi., L. 5 pi.
8 po. T.

3. *M. le P. de Carignan* , . . **1**700 liv.

2. *M. Gaillard de Gagny* , . 2400

Charles-Quint dans son enfance. H. 3 pi.
9 po., L. 2 pi. 11 po. T.

119. *M. le D. de Choiseul* , . . 1000 liv.

97. *Mgr. le P. de Conti* , . . 201

V E R O N E S E. (Paul)

La Vierge à genoux tenant l'Enfant Jésus
qu'elle présente au Grand Prêtre. H. 6
pi. 11 po., L. 7 pi. T. Ce Tableau vient
du Cabinet de *M. de Pontchartrain* , & fut
vendu à sa vente 8501 liv.

104. *M. le D. de Tallard* , . . 15101 liv.
Pour le Roi de Prusse.

L'Annonciation, & pour pendant l'Appa-
rition de N. S. à la Madeleine. H. 3 pi.,
L. 2 pi. 3 po. T.

101. *M. le P. de Carignan* , . 2001 liv.

104. *Mgr. le P. de Conti* , . 3000

4. *M. Poullain* , ... 1250

La Femme adultere. H. 4 pi. 10 po., L. 6 pi. T.

27. *M. le P. de Carignan* , . . 3700 liv.

101. *Mgr. le P. de Conti* , . . 5010

VERONESE. (A.)

Judith portant la tête d'Holopherne. H. 13 po., L. 18 po., fur pierre de touche.

14. *M. l'Abbé Guillaume* , 1769 , 449 liv.
Pour le Roi.

L'Incrédulité de S. Thomas. H. 3 pi. 10 po., L. 3 pi. T.

121. *Mgr. le P. de Conti* , . . 3470 liv.

5. *M. Poullain* , ... 3000

3. *M***. Lebrun* , 1780 , . 3150

VOLTERRE. (Daniel de)

N. S. portant fa croix ; il eft fuivi d'une multitude de peuple : on voit à fes côtés une fainte femme tenant la Véronique. H. 3 pi. 11 po., L. 4 pi. 11 po. T.

2. *M. le P. de Carignan* , . . 5201 liv.

7. *M. le D. de Tallard*, . . 2426

SALVIOUSSE & J. MIEL.

Deux Tableaux repréſentant des compo-
fitions enrichies d'Architecture & ornées
de figures peintes par *J. Miel.* H. 31 po.,
L. 44 po. T.

122. *M. le D. de Tallard* , . . 496 liv.

M. Paignon-d'Ijonval.

Deux Ports de mer enrichis d'Architecture
par *Salviouſſe* , & ornés de figures par
J. Miel. H. 3 pi. ; L. 4 pi. 2 po. T.

52. *M. de la Roque* , 1745 , . 701 liv.

7. *M. Blondel de Gagny* , 1776 , 1741.

Un Palais au bord de la mer, par *Salviouſſe ;*
J. Miel y a repréſenté l'embarquement
d'Hélene. H. 2 pi. 7 po., L. 3 pi. 9 po. T.

122. *M. le D. de Choiſeul* , . . 1420 liv.

137. *Mgr. le P. de Conti* , . . 1400

5. *Etranger, Lebrun,* 1781 , 731

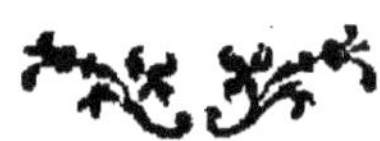

ECOLE DES PAYS-BAS.

BERGHEM. (Nic.)

UNE Vue du Château de Bentheim & de ses environs. H. 4 pi. 5 po., L. 6 pi. 6 po. T.

Cité pour avoir fait partie du Cabinet de *M. de Lorangere* ; cependant il n'est point dans le Catalogue de sa vente publié par Gersaint.

139. *M. de Gagny*, 1776, . 11500 liv.

Un Paysage où l'on voit sur le devant, une femme assise sur un cheval, un homme sur un mulet , & une autre femme avec son enfant, & ayant un paquet sous son bras. H. 4 pi. 2 po., L. 6 pi. 3 po. T.

17. *M. de la Live de Jully*, 8252 liv. 2 s.

104. *M. de Boisset* , . . 10100

Deux Ports de mer ornés de figures, barques & animaux ; le fond est terminé par des montagnes. H. 12 po. , L. 15 po. B.

63 & 64. *M. le D. de Choif.*, 4000 liv.

365.   *Mgr. le P. de Conti ,* 5999 liv. 19 f.

          M. le D. de Chabot.

Un Payfage où l'on voit une femme affife fur un mulet, filant à la quenouille ; plufieurs autres figures & animaux. H. 4 pi. 5 po. 6 lig. , L. 4 pi. 11 po. 7 lig. T. Ce Tableau eft gravé par Aveline.

177. *M. de Jullienne ,* . . . 8012 liv.

Une Vue maritime : fur le devant on remarque un Efpagnol jouant de la guitarre. H. 33 po. , L. 30 po. T.

51. *M. Lempereur ,* . . . 5100 liv.

108. *M. de Boiffet ,* . . . 5010

Un Payfage : fur le devant une femme à cheval tenant un papier de mufique, un homme à cheval à côté d'elle l'accompagne avec fon chalumeau. H. 2 pi., L. 2 pi. 6 po. T.

41. *M. le Comte du Barry ,* . . 5000 liv.

Il y avoit un pendant.

63. *M. Poullain ,* 1780 , . . 3800

Un Payfage mêlé de ruines ; il repréfente une vue de *Ponte - Mole ,* ornée de différens grouppes , de figures & animaux. H. 22 po., L. 28 po. T.

6. *M. de Menars ,* . . . . 4802 liv.

Une pleine Campagne : on voit fur le devant une jeune femme à cheval , & vue par le dos ; derriere elle , eft un Bucheron chargé d'un fagot. H. 15 po., L. 20 po. B.

141. *M. de Gagny ,* . . . 4055 liv.

24. *M. de Pange ,* . . . 6000

Une Marine ; on voit un homme à cheval , vêtu d'un habit rouge , parlant à une femme. H. 14 po. 6 lig. , L. 19 po. B.

60. *M. le D. de Choiseul,* . . 3000 liv.

369. *Mgr. le P. de Conti ,* . . 3001

Un Payfage avec fabriques, où l'on voit deux femmes, dont une tient un pot au lait fur fa tête. H. 11 po., L. 16 po. B.

109. *M. de Boiffet ,* . . . 2000 liv.

2. *M. le C. du Luc ,* . . 1501

45. *M***.* 12 Janvier 1780 , 2400

Un autre : on voit un Oifeleur placé fous une cabane de paille, s'occupant à tirer fon filet. Il eft gravé par Wifcher.

61. *M. le D. de Choiseul*, . . 1600 liv.

367. *Mgr. le P. de Conti* , . . 1500

Le Port de Gênes : ce Tableau, très-connu par la belle Estampe qu'en a gravée *M. Aliamet*, fait partie du Cabinet de M. le Comte de Merle ; il n'a besoin d'aucun éloge, & le plaisir infini que l'on ressent à l'examiner équivaut tout ce que l'on pourroit en dire. H. 2 pi. 6 po., L. 3 pi. 1 po. T.

B. BREEMBERG.

S. Jean prêchant dans le désert. H. 19 po. 6 lig., L. 27 po. 6 lig. B.

96. *M. de Boisset*, . . . 5019 liv. 19 s.

Le Centenier à genoux devant N. S. H. 14 po., L. 19 po. B.

53. *M. Poullain* , ... 2000 liv.

M. le C. de Merle.

Mercure dans les airs, regardant Hersé & ses Compagnes occupées à ramasser des fleurs. H. 11 po., L. 18 po. C.

59. *M***. Basan*, 11 Janv. 1773 , 2450 liv.

Les filles de Circé. H. 11 po., L. 17 po. 6 lig. B.

356. *Mgr. le P. de Conti* , . . 1800 liv.
36. *M*. Lebrun*, 12 Mars 1782 , 400

Une Tour , au bas de laquelle eſt un puits;
on voit un Jardinier tenant deux arro-
ſoirs. H. 7 po. 3 lig. , L. 5 po. 6 lig. C.

18. *M. Gaillard de Gagny* , . 172 liv.
132. *M. Blondel de Gagny* , . . 781
120. *M. Trouard* , ... 500

M. de Courmont.

Un Payſage orné de ruines , figures & animaux. H. 24 po. 6 lig. , L. 20 po. C.

354. *Mgr. le P. de Conti* , . . 1500 liv.
30. *M. de Pange* , ... 1280

J. BREUGHEL DE VELOURS.

L'Entrée d'un bois où l'on voit pluſieurs
figures traverſant des marres d'eau. H.
12 po. 6 lig. , L. 17 po. B.

96. *M. le D. de Choiſcul* , . 3910 liv.
258. *Mgr. le P. de Conti* , . . 1600

Vente de Poiſſon à Schevelinghe , gravée
à l'eau forte par *Chedel.* Ce Tableau peint
en 1617, porte 10 po. 8 lig. de haut ſur
14 po. 2 lig. de large. B.

24. *M. le C. de Vence*, 1760, 1650 liv.
       M. de St. Hilaire.

Une Foire de Village, & pour pendant, un autre Village où l'on voit plusieurs hôtelleries. H. 9 po. 6 lig., L. 13 po. C.

117. *M. de Jullienne*, 1767, . 1670 liv.

Vue du Temple de la Sibylle Tiburtine, & pour pendant un Paysage par *Stalben*, de forme ronde. 5 pi. de diametre.

115. *M. de Jullienne*, . . . 464 liv.
 15. *M. de Gaignat*, . . . 600 liv. 1 f.
263. *Mgr. le P. de Conti*, . 440

Un Paysage du Tirol, par *P. Breughel.* Nombres de figures autour d'un Mai. H. 18 po., L. 25 po. B.

112. *M. le D. de Choiseul*, . 700 liv.
222. *Mgr. le P. de Conti*, . . 270

B R I L. (Paul)

Deux Tableaux dont l'un représente Diane & ses Nymphes se baignant; dans l'éloignement Actéon changé en Cerf, chassé par ses propres chiens. H. 3 pi. 2 po., L. 4 pi. 5 po. T.

15. *M. le C. de la Guiche* ,   4001 liv.
24. *M. de Boiſſet* , . . . 5000 liv. 1 ſ.

Dietricy. (Guillaume-Erneſt)

La fuite en Egypte ; un Ange porte un
flambeau qui éclaire le Sujet. H. 15 po.,
L. 12 po. B., gravé par lui-même.

23. *M. de la Live de Jully* , .   860 liv.
114. *M. le D. de Choiſeul* , .   940
525. *Mgr. le P. de Conti* , . . 2200

D o w. (Gerard)

Une vieille Femme tenant de la main gauche un lievre qu'une jeune Fille paroît
lui marchander. H. 22 po. , L. 17 po.
6 l. B.

14. *M. le D. de Choiſeul* , .   17300 liv.
322. *Mgr. le P. de Conti* , . . 20000

M. le D. de Chabot.

Pour pendant , un Médecin dans ſon laboratoire vu juſqu'aux genoux , au travers
d'une croiſée ; il conſulte une bouteille
d'urine qu'une vieille Femme attend.
Même grandeur. B.

13. *M. le D. de Choiſeul* , . 19153 liv.

Une Marchande Epiciere pefant quelque
    chofe dans des balances. Une vieille
    Femme affife compte de l'argent. H. 14
    po. 6. l., L. 10 po. B., ceintré du haut.
76. *M. de Boiffet* , . . 15500 liv. 1 f.

Le Portrait de ce Peintre tenant fa palette
    & fes pinceaux : pour pendant une Jar-
    diniere vue à mi-corps au travers d'une
    croifée, & paroiffant cueillir un œillet.
    H. 11 po. 3 lig. , L. 7 po. 6 lig. B. ,
    ceintré du haut.

79. *M. de Boiffet* , . . 12999 liv. 19 f.
                    M. le Maréchal de Noailles.

Une Chambre ouverte en arcade : l'on voit
    une Femme verfant du lait d'une cruche
    dans une jatte pofée fur une table. H. 3
    po. , L. 9 po. 9 lig. B. , gravé en ma-
    niere noire par Sarrabat.
        M. Aved.

77. *M. de Boiffet* , . . 8999 liv. 19 f.
52. *M. Poullain* , . . * 10700
                    Mgr. le D. de Briffac.

Une Fille vue de trois quarts ; elle hache
    de l'oignon. H. 7 po. 3 lig. , L. 5 po.
    9 lig. Il eft peint en 1660.

29. *M. de Gaignat ,* . . . 5145 liv.

323. *Mgr. le P. de Conti ,* . 7300 liv.

Monsieur le Duc de Choiseul qui s'étoit réservé ce Tableau ne put résister aux desirs de S. A. & le lui céda.

La Ménagere Hollandoise , gravée par M. Wille. H. 5 po. 6 lig., L. 4 po. 6 lig. B.

63. *M. Lempereur ,* . , 3099 liv. 19 f.

324. *Mgr. le P. de Conti ,* 3510

La Liseuse , gravée par le même. H. 9 po. 7 lig., L. 7 po. 6 lig. B.

162. *M. de Jullienne ,* . . . 3101 liv.

La Devideuse, gravée par le même. H. 11 po. 9 lig. , L. 9 po. 3 lig. B.

80. *M. le C. de Vence ,* . . 2567 liv. 1 f.

Une jeune Personne touchant du clavessin près d'une croisée. H. 1 ½ po., L. 10 po. 6 lig. B.

325. *Mgr. le P. de Conti ,* . . 5000 liv.

Un Astronome travaillant à la lueur d'une chandeile qu'il tient. H. 10 po. 6 lig., L. 8 po. 6 lig. B.

326. *Mgr. le P. de Conti ,* . . 1500 liv.

151. *M***. Boileau,* 1779, . . 600

Une Femme fur la porte de fa cave, une
 lumiere à la main , obfervant fon mari
 qui y eft defcendu avec fa Servante. H.
 15 po. 9 lig., L. 12 po. B.
51. *M. Poullain ,* . . . 4700 liv.

Ce Tableau vient du Cabinet de M. Deer Lubbeling, à Amfterdam.

D U S A R T. (Corneille)

Un Repas de Payfans fous un berceau de
 vigne. H. 16 po. 6 lig., L. 13 po. 6
 lig. B.
30. *M. Gros , 1778 ,* . . . 1300 liv.
54. *M. de Nogaret , 1780 ,* . 1600

F E B V R E. (Claude le)

Un Précepteur parlant à fon pupille. H. 4
 pi. 6 po., L. 3 pi. 6 po. T.
42. *M. de la Live de Jully ,* . . 602 liv.
7. *M. de Ste. Foix, 1782 ,* . 900

H O E C K. (J. V A N)

La Vierge tenant l'Enfant Jéfus auquel elle
 préfente le fein : elle eft accompagnée
 de S. Jofeph , de Ste. Anne & du petit
 S. Jean;

S. Jean ; un Ange foutient le couffin du berceau. Le fond repréfente un payfage. Ce Tableau, digne du pinceau de *Rubens*, lui avoit été attribué jufqu'à préfent. Il eft dans le Cabinet de M. le Comte de Merle. H. 4 pi. 3 po., L. 4 pi. 2 po. T.

Huysum. (J. Van)

Deux Tableaux, dont un repréfente des fleurs dans un vafe orné de bas-reliefs d'enfans, trois œufs dans un nid, des mouches & autres infectes. H. 29 po., L. 22 po. C.

59. *M. de Boiffet* , . . 16016 liv. 5 f.

Deux autres de compofition à-peu-près femblable. H. 18 po., L. 15 po. C.

47. *L'Électeur de Cologne* , . 4150 liv.
200. *M. de Jullienne* , . . . 3050
181. *M. de Gagny* , 1776 , . 8000
473. *Mgr. le P. de Conti* , . 4000
142. *M***. Boileau* , 1779 , . 1700
22. *M. de Pange* , ... 3300

Deux autres de 2 pi. 5 po. de haut fur 1 pi. 10 po. de large. B.

C

180. *M. de Gagny* , . . . 8000 liv.

93. *M. Poullain* , . . . 8050

JARDIN. (HARLE DU)

Le Marchand d'Orviétan. H. 16 po. , L. 18 po. 6 lig. C. Il est gravé par MM. Boiſſieu & David.

167. *M. de Gagny* , 1776 , . 17202 liv.

Un jeune Garçon ramaſſant du fruit pour mettre dans des paniers qu'un âne porte ſur ſon dos. H. 8 po. 2 lig. , L. 9 po. 2 lig. B. gravé par M. Watelet.

107. *M. le Comte de Vence* , 620 liv. 2 ſ.

169. *M. de Gagny* , . . . 2000

M. le Comte de Merle.

Une Chaumiere ſur un terrein élevé, près de laquelle eſt aſſiſe une Payſanne gardant des vaches & des moutons. H. 23 po. , L. 20 po.

90. *M. le Duc de Choiſeul* ; . 2400 liv.

424. *Mgr. le P. de Conti* , . . 2600

Un Sujet compoſé de dix figures de Payſans qui s'amuſent à chanter & à danſer. C. 8 po. de diametre.

24. *M. Poullain* , . . . 1899 liv. 19 f.
49. *M. de Menars* , . . 1350 liv.
M. le Préfid. Haudry.

Un jeune Garçon couché fur le dos fur une terraffe fablonneufe. H. 11 po., L. 13 pouces.
94. *M. le D. de Choifeul* , . 998 liv.
425. *Mgr. le P. de Conti* , . 1050 liv. 1 f.

J O R D A E N S. (J.)

Le Portrait de ce Peintre & celui de fa femme donnant une prune à fon perroquet. H. 3 pi. 2 po., L. 2 pi. 8 po. T.
4. *M. le D. de Choifeul* , 2599 liv. 19 f.
271. *Mgr. le P. de Conti* , 2000
105. *M***. Boileau* , 1779 , 1099 liv. 19 f.
M. le Maréchal de Noailles.

Silène à qui un Amour préfente une pomme. H. 44 po., L. 42 po. T.
43. *M. de Boiffet* , 1777 , . . 2050 liv.
32. *M. Poullain* , ... 2501

L A Y R E S S E. (Gerard)

L'Adoration des Rois. H. 5 pi., L. 5 pi. 1 po. 6 lig. T.

145. *M. de Boiſſet* , . . . 13001 liv.

Il vient du Cabinet de M. d'Heer Lubbeling, à Amſterdam.

Achille reconnu. H. 2 pi. 11 po., L. 4 pi. 11 po., T.

194. *M. de Jullienne* , . . . 9610 liv.

Pour le Roi de Pruſſe.

M E T Z U. (Gabriel)

Le Marché aux herbes d'Amſterdam; gravé par David. H. 2 pi. 11 po., L. 2 pi. 6 po. 6 lig. T.

107. *M. de Gagny* , . . . 25800 liv.

Deux Tableaux, dont l'un repréſente une femme aſſiſe , careſſant ſon chien, & ayant ſur ſes genoux une planche & du papier bleu. H. 13 po. 3 lig., L. 11 po. B.

81. *M. de Boiſſet* , . . 12899 liv. 19 ſ.

Une Dame debout, ſa Femme-de-chambre lui verſe de l'eau ſur les mains; un homme en habit noir paroît entrer ſans être vu. H. 31 po., L. 25 po., T.

33. *M. Gaignat* , ... 5500 liv.

24. *M. le D. de Choiſeul* , . . 7800

80. *M. de Boiſſet* , ... 9980

M. *le Maréchal de Noailles.*

Une Femme appuyée ſur une table couverte d'un tapis ; elle appelle ſon chien.
H. 2 pi. , L. 18 po.

19. *M. le D. de Choiſeul* , 6300 liv.

328. *Mgr. le P. de Conti* , . 5999 liv. 19 ſ.

Une Malade aſſiſe dans ſon fauteuil ; un
chien veut monter ſur elle : on voit à
mi-corps derriere ſon fauteuil une vieille
femme ; à la gauche du Tableau , un
Médecin regarde une fiole d'urine. H. 22
po. 6 lig. , L. 17 po. 3 lig. T.

165. *M. de Jullienne* , . . . 6020 liv.

Une jeune Femme donnant un bonbon à
ſon enfant que la Nourrice tient ſur ſes
genoux. H. 13 po. , L. 11 po. B.

64. *M. Lempereur* , ... 3520 liv.

330. *Mgr. le P. de Conti* , . . 1701

Une Femme aſſiſe , ayant ſur elle un plat
& tenant en broche un chapon. H. 12
po. B. Ce Tableau eſt gravé par *M.*
Wille.

86. *M. le Comte de Vence*, . . 1224 liv

Un Chymiste assis dans son laboratoire
& vu de profil par une fenêtre. H. 9 po.
6 lig., L. 8 po. 6 lig.

21. *M. le D. de Choiseul* , . . 6800 liv.
Il y avoit un pendant désigné au n°. 20.

329. *Mgr. le P. de Conti*, . . 2501

La Peleuse de pommes & la Riboteuse Hollandoise , gravées sous ces titres par *J.
Daullé.* H. 10 po. 5 lig., L. 9 po. 10
lig. B.

307. *Fonds de Gersaint* , 1750, 1502 liv.
34. *M. Peilhon* , 1763 , . . 1301
M. le D. de Brissac.

Deux Tableaux , dont un représente une
Dame touchant du clavessin. H. 8 po.
6 lig., L. 7 po. 6 lig. Ils sont gravés
par *Mlle. Boizot.*

166. *M. de Jullienne*, . . 1400 liv. 1 s.
22 & 23. *M. le D. de Choiseul*, 2001
331. *Mgr. le P. de Conti* , . 1699 liv. 19 s.

Une Femme assise & dessinant d'après la
bosse. H. 13 po. 6 lig., L. 11 p. 6 lig. B.

52. *bis. M. Poullain , . . 5000 liv. 4 f.*
M. *le Comte de Merle.*

L'intérieur d'une Chambre Hollandoife où fe voit un homme affis jouant de la baffe ; une femme debout qui defcend des degrés lui préfente la gazette. H. 22 po., L. 17 po. T.

57. *M. le Marquis de Menars ,* . 2700 liv.
M. *Rubis.*

Une Ouvriere en linge , ayant fur elle un couffin : pour pendant, une femme affife tricotant, par *G. Terburg.* H. 10 po. 3 lig., L. 8 po. B.

332. *Mgr. le P. de Conti ,* . . 2770 liv.
M. *le Comte de Merle.*

M I E L. (Jean)

S. François diftribuant l'aumône aux Pauvres à la porte de fon Couvent. H. 24 po., L. 18 po. T.

17. *M. Gaignat ,* . . . . . 1800 liv.
102. *M. le D. de Choifeul.* . . 2000
276. *Mgr. le P. de Conti ,* . . 1803
M. *le D. de Chabot,*

MIERIS. (Guillaume)

Une Femme malade appuyée sur un oreiller : un Médecin l'obferve, & une femme
âgée la regarde avec attention. H. 17
po., L. 14 po. B.

157. *M. de Boiffet*, ... 6000 liv.
89. *M. Poullain*, ... 6811

Un Matelot chargé d'une hotte remplie de
poiffons. H. 10 po., L. 8 po. 6 lig. B.

16. *M. le D. de Choifeul*, . . 2800 liv.
461. *Mgr. le P. de Conti*, . . 1800

MIERIS LE VIEUX. (François)

Le Portrait de ce Peintre, le corps enve-
loppé d'un manteau, tenant fa palette
de la main gauche. H. 6 po. 6 lig., L.
5 po. B.

58. *M. de Menars*, . . . 1221 liv.
M. de Courmont.

NEEFS. (Pietre)

L'intérieur d'une Eglife de Flandres, enri-
chie de figures par *le Franck*. H. 15 po.,
L. 23 po. B.

506. *M. le D. de Choiseul,*   .   1002 liv.

236. *Mgr. le P. de Conti,*   .   820 liv. 1 f.

N E T S C H E R. (Gafpard)

Une Femme donnant à tetter à fon enfant ;
 elle a près d'elle une petite fille affife, travaillant à fa dentelle : on en remarque
 deux autres, dont l'une debout tient un
 chat. H. 20 po. 9 lig., L. 17 po. 6 l. B.

191. *M. de Jullienne,*   .   .   .   3510 liv.

M. le Prince de Galitzin.

Une Femme coïffée en cheveux, tenant
 un papier de mufique, & battant la
 mefure ; elle a un corfet jonquille & un
 jupon de fatin blanc : une femme qui
 l'accompagne joue de la guitarre ; un
 domeftique apporte un verre de biere
 fur un plat d'argent. H. 17 po., L. 16
 po. B.

44. *M. Peilhon,*   .   .   .   1320 liv. 1 f.

M. le D. de Briffac.

Cléopâtre : ce fujet eft gravé par *M. Wille.*
 H. 19 po. 6 lig., L. 16 po. 6 lig. T.

112. *M. le Comte de Vence,*   .   1800 liv.

Le Petit Phyſicien , gravé par *le même.* H.
4 po., L. 3 po.
  1. *Mlle. Clairon* , . . 1201 liv.
144. *M. de Boiſſet* , . . 1799 liv. 19 ſ.
                          M. le D. de Chabot.

Un jeune Garçon faiſant des bouteilles de
ſavon. H. 9 po. 3 lig., L. 6. po. 6 lig. B.
86. *M. Aved,* . . . . . 399 liv. 19 ſ.
143. *M. de Boiſſet* , . . 1600

Deux Enfans vus au travers d'une croiſée;
l'un fait des bouteilles de ſavon que
l'autre veut attraper. H. 11 po., L. 9
po. B.
142. *M. de Boiſſet,* . . . . . 1598 liv.
  75. *M. Poullain ,* 2400

O S T A D E. (Adrien V A N) 1660.

L'intérieur d'une Ferme où l'on voit des
Buveurs. H. 15 po. 9 lig., L. 21 po. B.
27. *M. Gaignat* , ... 10800 liv.
68. *M. de Boiſſet,* 9400
                M. le Maréchal de Noailles.

L'intérieur d'une Maiſon de Payſans ; Tableau fait en 1668. H. 13 po., L. 11 po.
6 lig. , B.

308. *Mgr. le P. de Conti*, . 7000 liv. 1 f.

46. *M. Poullain*, . . . 5700

Une Ecole d'Enfans des deux fexes. H. 14 po. 6 lig., L. 12 po. C. Il eft peint en 1662.

154. *M. de Jullienne*, . . . 6425 liv.

70. *M. de Boiffet*, . . . 6600

Une Ecole Hollandoife où l'on compte 21 figures. H. 14 po., L. 12 po. B.

19. *M. de Pange*, . . 5999 liv. 19 f.

Un Tableau peint en 1661 repréfentant l'intérieur d'une Chambre, où l'on voit près de la cheminée une femme, un enfant & trois hommes qui tiennent chacun une pipe. H. 13 po., L. 17 po. C.

153. *M. de Jullienne*, . . . 7410 liv.

Les Joueurs de Trictrac : deux hommes jouent, le troifieme tient une pipe & a le coude droit pofé fur l'appui d'une fenêtre. H. 13 po., L. 15 po. C.

103 *M. de Gagny*, . . . 3000 liv. 1 f.

M. le Comte de Merle.

Un Jeu de Galet. H. 13 po., L. 17 po. B.

41. *M. le D. de Choifeul* ,   4600 liv.

310. *Mgr. le P. de Conti* ,   .   4999 liv. 19 f.

L'intérieur d'une Chambre Flamande. H.
   13 po., L. 16 po. B.

43. *M. le D. de Choifeul* ,   .   .   3000 liv.

309. *Mgr. le P. de Conti* ,   .   .   3600

Ce Tableau vient du Cabinet de M. d'Obdam, à
Amfterdam.

(O S T A D E. (J. V A N)

Un Village dans lequel on voit des cha-
riots , des cavaliers & des hommes à
pied. H. 28 po., L. 3 pi. 4 po. B.

118. *M. de Boiffet* ,   .   .   14999 liv. 19 f.
                   M. le Maréchal de Noailles.

La Vue d'un Canal Hollandois pendant
l'hiver : on remarque un petit pont de
pierre, fur lequel paffe un chariot rempli
de figures & tiré par un cheval blanc.
H. 13 po., L. 18 po. B.

69. *M. de Menars* , ...   2010 liv.

P I N A K E R. (Adam)

Un Payfage orné d'arbres & de broffailles;

Iur le devant on remarque deux vaches,
des chevres, &c. H. 18 po., L. 25 po. B.

361. *Mgr. le P. de Conti* , . . 1205 liv.

157. *M***. Boileau*, 1779, . 901

P O E L E M B O U R G. (Corneille)

La Vierge tenant l'Enfant Jéfus; à fa droite
   S. Jofeph lifant, Ste. Anne à gauche
   debout & joignant les mains : le haut
   du Tableau préfente une gloire d'Anges
   & de Chérubins.

82. *M. le Duc de la Valliere* , . 1650 liv.

37. *M***. Lebrun*, 12 Mars 1782, 1020

Diane découvrant la groffeffe de Califto.
   H. 19 po. 6 lig., L. 29 po. B.

25. *M. Aved* , ... 3405 liv.

Une Campagne ornée de ruines & de fabriques ; fur le devant ce Peintre y a re-
   préfenté un repos en Egypte. H. 15 po.,
   L. 18 po. B.

46. *M. le D. de Choifeul* , . 2400 liv.

252. *Mgr. le P. de Conti* , . . 1690

148. *M***. Boileau*, 1779 , . 1200

29. *M. de Pange* , ... 1102

POTTER. (P.)

Le Bois de La Haye. H. 23 po. 6 lig., L.
28 po. B.

71. *M. le Duc de Choiseul* , . 27400 liv.
370. *Mgr. le P. de Conti* , . 19000
132. *M***. Boileau* , 1779 , . 10000
20. *M. de Pange* , 1781 , . 14000

Autre Vue du Bois de La Haye. H. 18 po.
3 lig., L. 14 po. 6 l. B.

113. *M. de Boisset* , ... 2420 liv.
66. *M. Poullain* , ... 3200

M. de Courmont.

Une Prairie d'Hollande bordée par un
canal. H. 15 po. 6 lig., L. 13 po. 6 lig. B.

372. *Mgr. le P. de Conti* , . 10900 liv.

M. Lempereur.

Un Paysage avec figures & animaux. H.
1 pi. 8 po., L. 2 pi. 4 po. B.

110. *M. de Boisset* , ... 9300 liv.

Trois Bœufs, dont deux se battant à côté
d'un arbre. H. 11 po., L. 13 po. 9
lig. B.

44. *M. Gaignat* , ... 1351 liv.

115. *M. de Boiſſet*, . . . 1300 liv.

M. le Comte de Merle.

Une Prairie où l'on voit trois bœufs, dont un paroît ſe frotter contre un tronc d'arbre. H. 2 pi. 7 po., L. 3 pi. 9 po. T.

72. *M. le D. de Choiſeul*, . . 8001 liv.

371. *M. le P. de Conti* , . . 9530

133. *M***. Boileau*, 1779 , . 6000

21. *M. de Pange* , ... 7321

Un Chien de baſſe-cour debout près de ſa loge, où il eſt attaché. H. 3 pi., L. 4 pi. T.

39. *M. de Nogaret* , 1780.

86. *M. le M. de Menars* , 1782 , 1672 liv.

M. le Préſid. Haudry.

Ce Tableau vient de la Collection du *Bourguemeſtre Vander Marck.*

Un Payſage mêlé de ruines au bord d'une riviere, où l'on voit un Cavalier qui y fait boire ſon cheval deſſous une grande arche de pierre. H. 17 po., L. 24 po. T.

85. *M. de Menars* , ... 1950 liv.

M. Rubis.

REMBRANDT. (VAN RHYN)

Vertumne & Pomone, de proportion naturelle. H. 3 pi. 9 po., L. 2 pi. 10 po. T.
Ce Tableau a fait partie des Cabinets de
Mde. *la Comtesse de Verrue* & de *M. le Comte
de Lassay.*

69. *M. Blondel de Gagny* , . 13700 liv.

Notre Seigneur à table avec les Pélerins
d'Emaüs. H. 25 po., L. 24 po. B.

50. *M. de Boisset* , ... 10500 liv.

Le Philosophe en méditation , & son pendant : ils sont gravés par *L. Surugüe.*H. 10
po. 3 lig., L. 12 po. 6 lig. B.

7 & 8. *M. le D. de Choiseul* , . 14000 liv.

49. *M. de Boisset* , ... 10900

Ils viennent de chez *M. le Comte de Vence* : l'un
des deux fut choisi par M. le M. de Voyer qui avoit la
liberté de prendre deux Tableaux à son goût.

Une Ste. Famille : la Vierge présentant le
sein à l'Enfant Jésus , & S. Joseph en
chemise occupé à dresser un morceau
de bois ; Tableau ceintré, daté de 1640.
H. 15 po. 6 lig., L. 12 po. 6 lig. B.
Il a fait l'ornement du Cabinet de Mde.

la

la Comtesse de Verrue qui y étoit parti-
culiérement attachée.

19. *M. Gaignat*, ... 5450 liv.
                               M. Aubert.

La Servante de ce Peintre, connue sous
le nom de la Crasseuse. H. 30 po., L.
23 po. 9 lig., T. ceintrée par le haut.

70. *M. de Gagny* , ... 6000 liv.

Moyse sauvé des eaux par la fille de Pha-
raon. H. 18 po., L. 22 po., T. de forme
ovale.

12. *M. le D. de Choiseul*, . . 2031 liv.

284. *Mgr. le P. de Conti* , . 1400

126. *M***. Boileau* , 1779 , . 1204

La Présentation au Temple. H. 20 po., L.
15 po. 9 lig., B. vient du Cabinet de
M. le Comte de Lassay.

21. *M. le Comte de la Guiche*, 1500 liv. 1 s.

23. *M. Vassal de St. Hubert* , 1500

Le Samaritain ; gravé par *lui-même*. H. 9
po., L. 7 po. 6 lig. B.

130. *M. de Jullienne* , . . . 1551 liv.

9. *M. le D. de Choiseul* , . 1580

285. *Mgr. le P. de Conti* , . 1150

D

49. *M. de Nogaret,* 1782 , .   900

Mardochée aux pieds d'Aſſuérus. H. 8 pi.
8 po. , L. 6 pi. 2 po. T.

22. *M. l'Electeur de Cologne* ; (mais ne fut
point vendu).

80. *M. l'Abbé Guillaume* , .   460 liv. 6 ſ.
Pour le Roi.

Une Vue de Hollande gravée par *M. de
Marcenai.* H. 4 pi. 2 po., L. 5 pi. 1 po. T.

41. *M. le Comte de Vence* , .   300 liv.
289. *Mgr. le P. de Conti* , . . 2400

R O T E N H A M E R. (J.)

Le Baptême de N. S. dans un Payſage ,
peint par *Breughel de Velours.* H. 12 po.,
L. 18 po. C.

137. *M. le Duc de Tallard* , .   1007 liv.
41. *M. de Gagny* , . . .   1501
2. *M. de Nogaret,* 1780 , .   600

Diane au bain, ſurpriſe par Actéon qu'elle
métamorphoſe en cerf ; le Payſage eſt
peint par *le même.* H. 6 po. , L. 10 po. C.
Ce Sujet eſt gravé par *Beauvarlet.*

89. *M. de Jullienne*, . . . 1451 liv.

10. *M. Gaignat*, ... 1240

Le Festin des Dieux. H. 4 pi. 6 po., L. 6 pi. 5 po. T. vient du Cabinet de *M. Creffent* en 1749.

31. *M. Gaillard de Gagny*, 1762, 3610 liv.

                  M. de Montribloud.

R U B E N S. (P. P.)

L'Adoration des Rois. H. 7 pi. 6 po., L. 9 pi. 6 po. T.

28. *M. de Boiffet*, ... 10,000 liv.

Le même Sujet. H. 5 pi. 4 po., L. 7 pi. 10 po. T.

13. *M. Godefroi*, 1748, . . 8000 liv.
    La famille le retira & le vendit à
    M. le Duc de Tallard, . 10,000

140. *M. le Duc de Tallard*, . 7500
             Pour le Roi de Pruffe.

L'Enfant Jésus affis fur un oreiller de velours cramoifi ; il eft porté fur des nuages. H. 22 po., L. 17 po. T. de forme ovale.

30. *M. de Boiffet*, ... 1500 liv.

4. *M. de Nogaret*, 1780, 1200 liv. 7 f.

La Charité Romaine. H. 2 pi. 4 po., L. 3
 pi. 4. po. T.

 97. *M. de Jullienne*, 1767, . 5000 liv.
 58. *M. l'Abbé Guillaume*, 1769, 342
           Pour le Roi.
On vendit un autre Tableau pareil sous le nº.

241. *Mgr. le P. de Conti*, . . 2512
102. *M***. Boileau*, 1779, . 1600

Une des Femmes de Rubens accompagnée
 de deux enfans. H. 3 pi. 6 po., L. 2 pi.
 7 po. B.

 6. *M. de la Live de Jully*, 1770, 20000 liv.
29. *M. de Boiſſet*, 1777, . . 18000

Un Payſage où l'on remarque une vache
 engagée dans un marais, & qui en eſt
 tirée par un Payſan. H. 37 po., L. 49 po.
 B. Il a été gravé par *L. Van Ulden*, chez
 M. d'Armagnac, ... 3110 liv.
141. *M. le Duc de Tallard*, . 9905
         Pour l'Angleterre.

Une Ste. Cécile. H. 5 pi. 8 po., L. 4 pi. 3
 po. B.

 44. *M. le Prince de Carignan*, 10000 liv.

139. *M. le Duc de Tallard,* . 20050

Pour le Roi de Pruſſe.

Il y en a une Eſtampe gravée par *Witdoeck* & terminée par *Bolſvert.*

La Rencontre de Jacob & d'Eſaü; Eſquiſſe gravée par *Bailliu.* H. 18 po., L. 15 po. B.

23. *M. Coypel,* 1753, . 431 liv. 1 ſ.

29. *M. Lempereur,* . . 3600

242. *Mgr. le P. de Conti,* 2620.

Méléagre & Atalante; Snyders a peint les Animaux dans ce Tableau que Bloëmaert a gravé. H. 4 pi. 10 po. 3 lig., L. 3 pi. 9 po. 3 lig. T.

310. Fonds de *Gerſaint,* 1750, 3000 liv.

143. *M. le D. de Tallard,* . . 669

Pour le Roi de Pruſſe.

Il fut reconnu alors pour Copie.

La Converſion de S. Paul, H. 17 po., L. 19 po. B.

105. *M. de Jullienne,* . . . . 127 liv.

30. *M. Lempereur,* 611

243. *Mgr. le P. de Conti,* . . 800

Un Fleuve entouré de roſeaux; il paroît ſe repoſer ſur ſon urne. H. 4 pi. 8 po., L. 3 pi. 10 po. T.

11. *M. le P. de Carignan , . . 900 liv.*
453. *M. Angran, V.te. de Fonspertuis,* 1401
15. *M. Peilhon , ... 2000*

            M. Metra.

R U B E N S & R E M B R A N D T.

Deux Paysages ; celui de *Rubens* repréſente un effet d'orage. H. 16 po., L. 25 po. B.

138. *M. de Jullienne , . . . 2071 liv.*
3 & 11. *M. le Duc de Choiseul, . 2401*
291 & 292. *Mgr. le P. de Conti , 1720*
103 & 127. *M***. Boileau, 1779, 1230*

       Vendus en deux articles.

· R U I S D A E L. (J.)

La Vue de Scheveling ; pour pendant, un rivage bordé de Dunes forr élevées. H. 20 po., L. 25 po. T.

67 & 68. *M. le D. de Choiseul, . 1701 liv.*
400. *Mgr. le P. de Conti , . . 2401*

Les Moulins Hollandois ; gravés par *J. P. le Bas.* H. 9 po., L. 13 po. B.

115. *M. le Comte de Vence, . 390 liv. 1 ſ.*
150. *M. de Gagny , . . 1800*

SCALCKEN & F. MIERIS.

Une Femme enfilant une aiguille à la lumiere d'une chandelle, par *Scalken;* pour pendant, une Femme donnant à manger à un oiseau, par *F. Mieris.* H. 6 po. 6 lig., L. 5 p. B.

410. *M. le P. de Conti* , . . 2301 liv.
 86. *M. Poullain* , ... 5000
    M. de Courmont, le premier seulement.

Il n'est point fait mention du second dans le Catalogue de M. *Poullain.*

SCALCKEN. (G.)

Une jeune Femme coëffée en cheveux, vue à mi-corps ; elle a un habillement jonquille. D'une main elle tient un couteau au bout duquel est un morceau de citron ; de l'autre elle tient un plat. Sur l'appui d'une croisée est posée une draperie d'écarlate, & on remarque dans le haut une partie de rideau. H. 8 p., L. 6 po. B.

171. *M. de Gagny,* 1776 , 1312 liv. 1 s.
    M. le Maréchal de Noailles.

S T E E N. (J.)

Trois Hommes jouant aux quilles devant une Maison Hollandoise environnée d'arbres. H. 12 po., L. 10 po. B. gravé par *de Ghendt*.

128. *M. de Boiſſet* , . . . 1600 liv.
 77. *M. Poullain* , . . . 2600

S T E E N W I C K. (H.)

L'intérieur d'une Eglife des Pays-Bas, ornée de figures peintes par *Porbus*. **H.** 3 pi. 6 po. L. 5 pi. 6 po. T.

107. *M. le D. de Choiſeul*, . . 2000 liv.
265. *Mgr. le P. de Conti* , . . 1941
109. *M***. Boileau*, 1779 , . 920

T E N I E R S. (D A V I D)

L'Enfant Prodigue , gravé par *J. P. le Bas*. H. 2 pi. 1 po. , L. 2 pi. 8 po. C.

81. *M. de Gagny*, 1776 , 28999 liv. 19. ſ.

Les Œuvres de Miféricorde , gravé par *le même*. H. 2 pi. 1 po. , L. 2 pi. 8 po. C. Ce Tableau faiſoit partie du Cabinet de *Mde. de Gontault* ; il paſſa dans celui de

M. Creſſent, & porte le n°. 75 de ſon Catalogue publié en 1749.

23. *M. Gaignat*, ... 7250 liv.
31. *M. le D. de Choiſeul* , . 9530
298. *Mgr. le P. de Conti* , . . 10510

M. le D. de Chabot.

L'intérieur d'une Chambre, où l'on compte vingt-ſix figures. H. 22 po., L. 31 po. C. Ce Tableau vient du Cabinet de *M. le P. de Rubempré*, & eſt décrit ſous le n°. 47 du Catalogue publié à Bruxelles en 1765.

Il fut vendu . . . 5480 liv.
60. *M. de Boiſſet* , . . 11999 19 ſ.

M. le Maréchal de Noailles.

Réjouiſſances de Payſans dans la cour d'une Ferme. H 4 pi. , L. 6 pi. 2 po. T.

58. *M. de Boiſſet* , . . . 11100 liv.

Une Fête de Village devant la porte d'un Cabaret dont les chambres ſont remplies de Buveurs. H. 30 po. , L. 39 po. T.

82. *M. de Gagny* , . . . 11000 liv.
43. *M. Poullain* , . . . 9000

M. le Comte d'Orſay.

Deux Fêtes Flamandes, gravées par *J. P. le Bas*, & intitulées *Accords Flamands* & *Lendemain des Noces.*

30. *M. de Brunoy*, . . 10999 liv. 19 f.

M. le Comte de Merle.

Une autre Fête Flamande. H. 30 po., L. 40 po. T. Elle vient du Cabinet de *Mde. la Comtesse de Verrue*, où elle fut vendue 2400 liv.

43. *M. Lempereur*, . . 10001 liv. 7 f.

59. *M. de Boisset*, . . 9999 liv. 19 f.

M. Dainval.

Une Guinguette Flamande. H. 16 po., L. 24 po. B.

44. *M. Lempereur*, ... 8040 liv.

M. le Maréchal de Noailles.

Fête Flamande, gravée par *J. P. le Bas*, sous le titre d'*Environs d'Anvers.* H. 21 po., L. 28 po. C.

29. *M. de Brunoy*, . . . 6000 liv.

Une Fête Flamande, où l'on compte 67 figures de 6 à 7 pouces de proportion. H. 2 pi. 5 po., L. 3 pi. 8 po. 6 lig. T. Elle a fait partie du Cabinet de *Mde. la Comtesse de Verrue.*

11. *M. de la Live de Jully,*

> *Mgr. le D. de Briſſac.*

Deux Tableaux, dont l'un repréſente des Joueurs de Boule. H. 14 po., L. 23 po. B.

37 & 38. *M. le D. de Choiſeul* , 5600 liv.

399. *Mgr. le P. de Conti* , . . 7200

114. *M***. Boileau,* 1779 , . 4500

13. *M. de Pange,* 5004

Les Pêcheurs, gravé par *J. P. le Bas.* H. 22 po., L. 16 po. 6 lig. T.

55. *M. le Comte de Vence* , 1260 liv. 2 ſ.

83. *M. de Gagny* , . . . 4820 liv.

> *M. le Comte de Strogonoff.*

L'intérieur d'une Cour où l'on remarque une danſe, pluſieurs figures parlant en-ſemble, d'autres à table ſous une cou-verture de paille. H. 3 pi. 6 po., L. 4 pi. 6 po. T.

143. *M. de Jullienne* , . . . 4900 liv.

Une Noce de Village où l'on compte 67 figures : ce Tableau peint en 1650 porte 28 po. 6 lig. de haut ſur 39 po. de large. T.

144. *M. de Jullienne* , . . : 7262 liv.

Les Miseres de la Guerre : ce sujet est gravé par *N. Tardieu.* H. 16 po. 6 lig., L. 23 po. B.

56. *M. de Vence* , 1760, . . 1110 liv.

M. de Villetaneuse.

Le Fumeur & le Forgeron Militaire, gravés par *le Bas* & *Chenu.* H. 8 po. 3 lig., L. 6 po. 3 lig. B.

63. *M. de Vence* , . . : 330 liv. 19 f.

Mde. la Présidente de Bandeville.

Un Chasseur suivi de son Valet ; pour pendant, une Paysanne & un Paysan portant un sac sur sa tête. H. 25 po., L. 17 po. T. Ces deux Tableaux ont fait partie du Cabinet de feu *M. le Comte de Lanoy* , Gouverneur de Bruxelles.

65. *M. le Comte de Vence,* . 685 liv. 1 f.

86. *M. de Gagny* , . . . 1500

Une Vue de Flandres , gravée par *J. P. le Bas* , sous ce titre. H. 10 po., L. 13 po. 6 lig., du Cabinet de *M. de Lorangere :* n'est point cité dans le Catalogue de sa vente , publié en 1744 par Gersaint.

85. *M. de Gagny* , ... 2405 liv.

Deux petits Tableaux repréſentant des Payſages. H. 8 po., L. 6 po. 6 lig. B. du
Cabinet de *Mde. la Comteſſe de Verrue.*

46. *M. Lempereur* , . . 1029 liv. 19 ſ.

17. *M. de Nogaret*, 1780 , 1199 liv. 19 ſ.
    Ils furent retirés.

47. *M. de Nogaret* , 1782 , 1000

Deux Tableaux gravés pat *J. Moyreaux* ,
l'un ſous le titre *du Cabaret* , & l'autre
ſous celui de la Fontaine des Chaſſeurs:
ils ſont peints ſur cuivre. H. 6 po. 6 lig.,
L. 9 po. 3 lig.

90. *M. de Boiſſet* , ... 7800 liv.
            Mgr. le D. de Praſlin.

TERBURG. (Gerard)

Trois Femmes dans un appartement, dont
une écrivant une lettre. H. 28 po. 6 lig.,
L. 23 po. T.

15. *M. Gaillard de Gagny*, 1762, 3600 liv.

52. *M. de Boiſſet*, 1776 , . 10000
           M. le Maréchal de Noailles.

Deux Hommes & une Femme aſſiſe devant

une table couverte d'un tapis de Turquie.
H. 24 p., L. 20 po. 6 lig. T.

141. *M. de Jullienne*, . . 2800 liv.
26. *M. le D. de Choiseul* , 3599   19 f.
295. *Mgr. le P. de Conti*, . 4800   1 f.
23. *M. de Pange* , . . 5855

Deux Tableaux : l'un repréſente une Femme aſſiſe liſant une lettre ; l'autre une Femme qui écrit , ſa Suivante attend derriere elle. H. 16 po., L. 12 po. B.

72. *M. de Gagny* , ... 3901 liv.
40 & 40 bis. *M. Poullain* , . 5180
En deux articles.
52. *M***. Lebrun*, 12 Mars 1782, 300
Le 2ᵉ Tableau ſeulement.

Une Femme tenant une lettre déployée & un verre ; pour pendant une autre tenant un pot & un verre dans lequel elle boit. H. 14 po., L. 12 po. B. Ils ſont gravés par *Chevillet.*

27 & 28. *M. le D. de Choiseul,* 3101 liv.
296. *Mgr. le P. de Conti* , 2599 liv. 19 f.

L'intérieur d'une Cour de Payſan : on voit une Femme aſſiſe à la porte ; elle

nettoie la tête de son enfant. H. 27 po.,
L. 22 po. T.

30. *M. le D. de Choiseul*, . . 4800 liv.
780. *Mgr. le P. de Conti* , . . 2400
M. le D. de Chabot.

VAN DYCK. (Antoine)

Le Portrait du Président Richardot. H. 3
pi. 6 po., L. 2 pi. 6 po. 6 l. B.

16. *M. Gaignat* , 1768 , . . 9200 liv.
45. *M. de Boisset*, 1777 , . . 10400

Un Homme de grandeur naturelle ; il est
assis & joue de la guitarre. H. 5 pi.,
L. 3 pi. 6 po. T.

23. *M. de Brunoy*, ... 6000 liv.
34. *M. Poullain*, ... 2406
M. de Courmont.

Renaud & Armide accompagnés d'Amours:
ce sujet est gravé par *Bailliu.* H. 5 pi. 8
po., L. 5 pi. 4 po. T.

91. *M. le P. de Carignan* , 3302 liv.
152 *M. le D. de Tallard*, . 6999 liv. 19 f.
Pour le Roi de Prusse.

Un Homme joüant de la Musette, il a son

chapeau en partie rabattu & un habillement rouge. H. 3 pi. 1 po., L. 2 pi. 7 po. T.

274. *Mgr. le P. de Conti,* . . 8001 liv.

C'eſt le Portrait du Grand-Pere de *M. Mariette,*
dont *Van Dyck* étoit l'ami : *Mde. la Duchaſſe de Ruffec*
légua ce Tableau à *M. Dutrevoux,* qui le laiſſa pareillement à *M. de Lautrec,* Capitaine aux Gardes ; &
ce dernier à *M. le Chevalier de la Ferriere,* qui le
vendit à *Mgr. le P. de Conti :* c'eſt *M. le D. de Praſlin*
qui le poſſede actuellement.

W E E N I N X. (J. B.)

Un Tableau orné de fabriques, figures &
animaux ; ſur le devant on voit un jeune
Garçon tenant un fouet, & deux Chiens,
dont un couché ſur le dos. H. 24 po. 6
lig., L. 31 po. 6 lig. B.

101. *M. de Boiſſet* , . . 6001 liv.

62. *M. Poullain,* . . . 7200 liv. 1 ſ.

Un Payſage au milieu duquel on voit un
grouppe de figures poſé ſur un pié-
deſtal, & ſur le devant un jeune Garçon
tenant un chien en leſſe. H. 25 po., L.
21 po. T.

144. *M. de Menars* , . . . 1801 liv.
M. de Courmont.

W Y N A N T S.

WYNANTS. (J.)

Un Arbre dépouillé d'une partie de son écorce : un autre dont le haut est renversé par terre ; des plantes, des brossailles, &c. avec figures & animaux, par *Ad. Vanden Velde.* H. 3 pi. 6 po., L. 4 pi. 4 po. T.

54. *M. de Boiffet,* . . . 9999 liv. 19 f.
M. le Maréchal de Noailles.

Ce Tableau vient du Cabinet de M. d'Heer Lubbeling, à Amfterdam.

WOUVERMANS. (Ph.)

Marché de Chevaux & un Manege : ce dernier a été gravé par *Th. Major Anglois.* H. 20 po., L. 17 po. B.

Ces deux Tableaux ont fait partie du Cabinet de M. le Marquis de Voyer d'Argenfon.

57 & 58. *M. le D. de Choifeul,*   20000 liv.
342. *Mgr. le P. de Conti* , . 19800
M. le D. de Chabot.

La Courfe du Hareng dans une Place environnée de maifons. H. 23 po., L. 29

E

po. 3 lig. T. du Cabinet de M. d'Heer
Lubbeling d'Amſterdam.

87. *M. de Boiſſet* , . . . 11999 liv. 19 ſ.

Marché aux Chevaux ; gravé par *J. Moyreau* , n°. 18 de ſon Œuvre. H. 24 po. ,
L. 33 p. B. du Cabinet de *Mde. la Comteſſe de Verrue* , où il fut vendu 2001 liv.
& acheté par *M. le Comte de Clermont.*

35. *M. Gaignat* , 1768 , . . 14560 liv.
M. le Maréchal de Noailles.

Un Payſage où l'on voit différentes figures
d'hommes & de femmes , pourſuivant ,
les uns à cheval , les autres à pied , un
cerf & une biche qui ſe jettent à l'eau.
H. 3 pi. , L. 5 pi. 7 po. T.

170. *M. de Jullienne* , . . . 16700 liv.

La Courſe de la Bague , gravée par *Moy-
reau.* H. 15 po. , L. 19 po. 3 lig. B. Ce
Tableau a fait partie du Cabinet de *M.
Hallé.*

112. *M. de Gagny* , . . . 5901 liv.
M. le Comte de Merle.

Deux Tableaux , dont un Départ pour la

Chaſſe. H. 17 po. 3 lign., L. 23 po. B. &
T. du même Cabinet.

89. *M. de Boiſſet*, 1777 , .   10660 liv.
56. *M. Poullain*, 1780, . .   12100
                 M. le Maréchal de Noailles.

Un Tableau gravé par *J. Moyreau*, ſous le
titre d'Occupations Champêtres, n°. 71
de ſon Œuvre. H. 23 po., L. 30 po. T.

171. *M. de Jullienne* , 1767, .   5060 liv.
88. *M. de Boiſſet* , 1777 , .   8000
                 M. le Chevalier Lambert.

Arrivée des Chaſſeurs; Fêtes & Adieux des
Chaſſeurs : ces deux Tableaux ſont gravés par *le même*. H. 18 po. 6 lig., L. 24
po. 6 lig. B.
     Du Cabinet de *Mde. la Comteſſe de Verrue.*

48. *M. Lempereur*, 1773 , . .   7400 liv.

Un Marché aux Chevaux, & pour pendant,
un Défilé d'Equipages. H. 14 po. , L.
19 po. B.
33. *M. de Brunoy*, 1776 , . .   6600 liv.

Deux Tableaux gravés par *J. Moyreau*, l'un
ſous le titre de *Fontaine de Vénus*, & l'au-

tre de *Conseil des Chasseurs.* H. 15 po.,
L. 20 po. B.

37. *M. Gaignat*, ... 5000 liv.

Le Retour du Marché, gravé par *R. Strange.*
H. 12 po., L. 9 po. B.

15. *M. de la Live de Jully*, . 1200 liv. 1 f.

26. *M. le D. de Grammont*, 2180

93. *M. de Boisset*, . . . 2896

L'intérieur d'une Ecurie, dans laquelle on
voit à l'entrée de la porte un Pauvre
demandant l'aumône à un homme à
cheval. H. 10 po. 9 lig., L. 13 po. C.

45. *M. de Boisset*, 1777, . . 5000 liv.
                    M. le D. de Praslin.

La Curée du Cerf. H. 13 po. 3 lig., L. 17
po. du Cabinet de *Mde. la Comtesse de
Verrue.*

114. *M. de Gagny*, ... 3110 liv.

107. *M. Trouard*, ... 2800

Un Paysage enrichi de Montagnes sablon-
neuses, au bas desquelles passe une riviere
traversée d'un petit pont de planches;
on voit plusieurs Cavaliers faisant
boire leurs chevaux. H. 2 pi., L. 1 pi.
8 po. T.

343. *Mgr. le P. de Conti*, . . 5000 liv.

142. *M***. Boileau*, 1779, . 3280

Départ pour la Chasse au vol. H. 9 po.,
   L. 10 po. 6 lig. C.

   51. *M. le D. de Choiseul*, . 3000 liv.

344. *Mgr. le P. de Conti*, . 4000

141. *M***. Boileau*, 1779, 2700   1 f.

Un Camp & plusieurs Tentes ; à la porte
   de la principale est un Maréchal qui
   ferre un cheval blanc : sur le devant on
   voit un cheval pommelé qu'un jeune
   Garçon tient par la bride, tandis que le
   Cavalier remet ses éperons. H. 18 po.,
   L. 15 po. B.

   53. *M. le D. de Choiseul*, . . 1510 liv.

109. *M. Trouard*, ... 1700

M. *de Champgrand.*

P. VANDEN DYCH.

Deux Tableaux peints sur cuivre, représen-
   tant, l'un Agar présentée à Abraham,
   l'autre Agar renvoyée : on en connoît les
   Estampes par MM. Porporati & Massard.
   H. 18 po. 6 lig., L. 14 po. 9 lig.

E 3

18. *M. Gaignat* , ... 2402 liv.
　　　　M. le Maréchal de Noailles.

V A N D E R　E L E S T.

Un Bourguemeſtre Hollandois vêtu en ſoie
　noire , aſſis dans un fauteuil , ayant à
　ſes pieds un chien caniche : pour pen-
　dant , une Femme aſſiſe , ayant près
　d'elle un Enfant auquel elle donne du
　fruit ; elle eſt vêtue d'une robe noire
　avec jupon roſe brodé en or. H. 5 pi.,
　L. 4 pi. T.

115. *M. le M. de Menars* , . . 1250 liv.

J. V A N D E R　H E Y D E N.

Différentes Places de la Ville de Cologne ,
　enrichies de figures , par *Ad. Vanden Veld.*
　H. 12 po., L. 15 po. B.

75 & 76. *M. le D. de Choiſeul* , 3900 liv.

433. *Mgr. le P. de Conti* , . . 4950

La Vue du Château de Bentheim , avec
　figures, par *le même.* H. 20 pi. , L. 27
　po. B.

78. *M. le Duc de Choiſeul* , . 2000 liv.

434. *Mgr. le P. de Conti* , . . 2401

La Vue d'une des Portes de la Ville de Cologne, avec figures & animaux par *le même.* H. 10 po. 3 lig., L. 12 po. B. ceintré.

156. *M. de Gagny*, . . . 3400 liv. 1 f.

79. *M. Poullain*, . . . 3015

Un Village Hollandois où l'on voit une Eglife, devant laquelle eft une grande place : les figures font d'*Adrien Vanden Veld.* H. 15 po., L. 19 po. B.

68. *M. Paillet*, 17 Mai 1774, 1831 liv.

M. le Comte de Merle.

A. F. VANDER MEULEN.

Deux Sujets de Batailles. H. 3 pi. 6 po., L. 5 pi. 6 po. T.

52. *M. L. Michel Vanloo*, . . 10000 liv.

Pour la Ruffie.

Deux petits Tableaux ; dans l'un on apperçoit des bagages attaqués fur une Hauteur. H. 8 po. 6 lig., L. 12 po. B.

68. *M. Lempereur* , . . . 2100 liv.

148. *M. de Gagny*, ... 1800

420. *Mgr. le P. de Conti*, . . 3000

118. *M***. Boileau*, 1779, . 2000

E. V A N D E R N E E R.

Une Femme faisant confulter la maladie
de fon Enfant qu'une Nourrice tient
emmailloté fur fes genoux. H. 23 po.,
L. 19 po. 6 lig. T.

56. *M. le Comte du Barry ,*　1852 liv. 1 f.
48. *M. de St. Hubert ,*　.　2000
435. *Mgr. le P. de Conti*　,　1501

Un Payfage orné de fabriques & figures.
H. 7 po. 6 lig., L. 9 po. 6 lig. B.
60. *M. Lempereur ,*　.　.　.　.　1301 liv.
152. B. *M. de Boiffet ,*　.　.　.　871

A. W A N D E R W E R F F.

St. Jérôme en méditation , vu plus qu'à
mi-corps , & de trois quarts. H. 16 po.
9 lig., L. 14 po. B.
199. *M. de Jullienne ,*　.　.　.　2530 liv.
Pour le Roi de Pruffe.

Deux jeunes Filles jouant aux offelets fur
l'appui d'une croifée. H. 11 po., L. 9
po. B.
51. *M. Gaignat ,*　.　.　.　.　6000 liv.
81. *M. le D. de Choifeul,*　.　. 12510

468. *M. le P. de Conti* , . . 8005

Loth & ſes Filles dans une grotte. H. 16
po. , L. 13 po. B.

80. *M. le D. de Choiſeul* , . 5260 liv.

469. *Mgr. le P. de Conti* , . . 4990

Suſanne & les Vieillards, 1715; la Pein-
ture, 1716. H. 15 po. , L. 12 po. B.
Viennent du Cabinet de *M. le P. de Carignan*, mais ne ſont point cités dans le
Catalogue de ſa vente , publié par *Poilly*
en 1743.

42. *M. de Brunoy* , 1776 , . 6901 liv.

90 & 91. *M. Poullain*, 1780 , . 6900

En deux articles, dont le 1er. de 4300 liv.
fut acquis par *M. le Comte d'Orſay*.

Ad. VANDEN VELD. 1664.

Un Payſage avec figures & animaux. H.
18 po. , L. 26 po. T. du Cabinet de
M. d'Heer Lubleling, à Amſterdam.

136. *M. de Boiſſet* , . . . 20000 liv.

Une Chaumiere, près de laquelle on voit
un Homme par le dos , tenant la bride
d'un cheval gris pommelé. H. 2 pi. 6
po. , L. 3 pi. 2 po. T.

159. *M. de Gagny* , ... 14980 liv.

Deux Payſages ornés de figures & d'animaux. H. 11 po., L. 15 po. T.

188. *M. de Jullienne* , . . . 3000 liv.

160. *M. de Gagny* , ... 4000

Un Tableau gravé par *Aliamet* ſous le titre
d'Amuſement d'Hiver. H. 11 po., L.
13 po.

10. *M. Mariette* , ... 4000 liv.

414. *Mgr. le P. de Conti* , . . 4000

68. *M****. 12 Janv. 1780 , . . 1300

Un Tableau où l'on voit ſur le devant un
Homme aſſis tenant des chiens ; un autre Homme aſſis portant un oiſeau pour
le vol. H. 19 po., L. 16 po. T.

140. *M. de Boiſſet* , . . 4799 liv. 19 ſ.
M. le Comte de Merle.

Une Vue des bords de la mer de Scheveling ; le Prince d'Orange s'y promene
dans un carroſſe attelé de ſix chevaux
blancs. H. 13 po. 6 lig., L. 18 po. B.

413. *Mgr. le P. de Conti* , . . 5070 liv.

114. *M. Trouard* , ... 3800
M. le Marquis de Vaudreuil.

VANDEN VELD. (Guillaume)

Deux Marines. H. 8 po., L. 10 po. B.

85. *M. le D. de Choiseul*, . . 879 liv.
317. *Mgr. le P. de Conti*, . . 1260

Une Mer calme, chargée de Vaisseaux & Chaloupes. H. 17 po. 6 lig., L. 22 po. 6 lig. B.

73. *M. de Boisset* , ... 8051 liv.
M. le D. de Praslin.

Une autre d'une composition à-peu-près semblable. H. 18 po. 6 lig., L. 23 po. 3 lig. T.

316. *Mgr. le P. de Conti*, . . 3151 liv.
146. *M***. Boileau*, 1779 , . 1700
 69. *M. Poullain* , ... 2700
 26. *M. de Pange* , ... 1800

ECOLE FRANÇOISE.

BERTIN. (N.)

ADAM & Eve dans le Paradis Terreſtre ; Dieu leur apparoît. H. 3 pi. 11 po., L. 5 pi. 9 po. T.

645. *Mgr. le P. de Conti ,*   2399 liv. 19 ſ.

BOUCHER. (François)

Rebecca recevant les préſents du Serviteur d'Abraham. H. 3 pi. 1 po., L. 2 pi. 10 po. T.

240. *M. de Gagny,* . . . . 1230 liv.
                    M. le Chevalier Lambert.

Le Sacrifice de Gédéon. H. 3 pi. 11 po., L. 2 pi. 7 po. T.

 93. *M. de la Live de Jully ,*   750 liv. 1 ſ.
720. *Mgr. le P. de Conti ,* . 2012

La Nativité. Ce ſujet a été gravé par *Feſ-ſard* ſous le titre de *la Lumiere du Monde.* H. 5 pi. 4 po. 9 lig., L. 3 pi. 11 po. 6 lig. T.

16. *Mde. de Pompadour*, 1766 , 722 liv.

M. Dennery.

Hercule & Omphale ; ils font accompagnés de deux Amours. H. 2 pi. 10 po., L. 2 pi. 3 po. T.

192. *M. de Boiffet* , ... 3840 liv.

Le Lever & le Coucher du Soleil, traités allégoriquement. H. 9 pi. 10 po., L. 8 pi. T.

14. *Mde. de Pompadour* , 1766 , 9800 liv.

M. Dennery.

Vénus défarmant l'Amour. Ce Tableau a été gravé par *Feffard*. H. 3 pi. 6 po., L. 2 pi. 8 po. T. de forme ovale.

20. *M. de Menars* , ... 730 liv.

M. Veftris.

B O U R D O N. (Sébaftien)

Le Départ de Jacob. H. 2 pi. 9 po., L. 3 pi. 9 po. T.

564. *Mgr. le P. de Conti* , . . 4701 liv.

M. le Comte de Merle.

Le Martyre des Machabées. H. 18 po., L. 14 po. T.

12. *M. Trouard*, ... 1500 liv.

M. *le Comte de Merle.*

Laban faifant la recherche de fes Idoles. H.

49. *M. Louis-Michel Vanloo*, . 481 liv.

569. *Mgr. le P. de Conti* , . . 584

108. *M. Poullain* , ... 490

M. *le D. de Chabot.*

L'Adoration des Bergers & celle des Rois Mages. H. 17 po. 6 lig., L. 13 po. C.

168. *M. de Boiffet* , ... 3901 liv.

Autre Adoration des Rois. H. 2 pi., L. 2 pi. 10 po. T.

46. *M. le Doux*, 1775 , . . 3600 liv.

CALLET. (N.)

La Toilette de Vénus : cette Déeffe eft accompagnée des trois Graces , dont une lui treffe les cheveux , & l'autre tient une colombe; deux Amours foutiennent un miroir : le fond repréfente un Payfage où l'on remarque une chûte d'eau.

Ce Tableau joint à une compofition aimable , la couleur la plus féduifante.

H. 3 pi. 1 po., L. 2 pi. 5 po. 6 lig. T.
M. le Comte de Merle en eſt le poſſeſſeur.

C H A M P A G N E. (Philippe de)

Notre Seigneur à table avec ſes Diſciples.
H. 2 pi. 3 po., L. 4 pi. 7 po. T.
127. *M. de Jullienne* , . . .   400 liv.
280. *Mgr. le P. de Conti* , . . 2390

C H A R D I N. (S.)

Une Dame aſſiſe dans ſon appartement :
elle joue de la Serinette ; ce Tableau eſt
connu par l'Eſtampe qu'en a gravé *Lau-*
rent Cars. H. 19 po., L. 16 po. T.
29. *M. de Menars* , ... 631 liv.

Une Servante écurant un poëlon, & un
Garçon Marchand de vin occupé à rin-
cer un broc : ils ont été gravés par *Co-*
chin pere. H. 16. p. 6 lig., L. 13 po. 6
lig. T.
30. *M. de Menars* , . . . 419 liv. 19 ſ.
M. le Préſid. Haudry.

D R O U A I S. (N.)

Un jeune Deſſinateur portant ſon portefeuille; pour pendant une jeune Fille jouant avec un chat. H. 22 po., L. 18 po. T.

36. *M. de Menars*, ... 1220 liv.
M. le Noir Dubreuil.

F O S S E. (Charles de la)

Le Projet d'un Plafond repréfentant l'Apo-théofe de la Vierge. T. de forme ronde : diametre 2 pi. 10 po.

595. *Mgr. le P. de Conti*, . . 720 liv.
74. *M***. Boileau*, 1779, . 681
M. de S. Yves.

L'Apothéofe de S. Louis; Efquiffe termi-née du Dôme des Invalides. T. de forme ronde. 5 po. de diametre.

46. *M. de la Live de Jully*, . 500 liv.
597. *Mgr. le P. de Conti*, . . 1400
73. *M***. Boileau*, 1779, . 650

F R A G O N A R D. (H.)

La Vifitation de la Vierge & de Ste. Eli-fabeth. H. 15 po., L. 20 po. T.
81. *M. le D. de Grammont*, 3000 liv. 1 f.
226.

226. *M. de Boiſſet* , . . 7030 liv.
755. *Mgr. le P. de Conti* , . 2501
  On avoit diminué le Tableau.

Deux Payſages avec figures & animaux.
  H. 13 po. 6 lig., L. 17 po. T.
104. *M. le Comte du Barry* , . 1460 liv.
756 & 757. *Mgr. le P. de Conti* , 1597

G R E U Z E. (J. B.)

L'Accordée de Village , gravée par *M.*
  Flipart. H. 2 pi. 9 po. , L. 3 pi. 6 po. T.
42. *M. le M. de Menars* , 1782 , 16650 liv.
      Joullain , pour le Roi.

  Ce Tableau, commandé par *M. de Boiſſet*, fut cédé
à *M. le Marquis de Menars* au prix de 9000 liv.

Le Pere de Famille liſant la Bible : ce
  ſujet eſt gravé par *Martinaſie.* H. 2 pi. ,
  L. 2 pi. 6 po. T.
113. *M. de la Live de Jully* , . 4750 liv.
206. *M. de Boiſſet* , ... 6700
      M. le Baron de St. Julien.

Une jeune Fille éparpillant une fleur; pour
  pendant, un jeune Garçon ſoufflant ſur
  une autre fleur. H. 27 po., L. 24 po. ,
  T. de forme ovale.

F

43. *M. le Marquis de Menars*, 2399 liv. 19 f.
                                   M. Rubis.

La Priere à l'Amour. H. 4 pi. 6 po., L.
   3 pi. 6 po. T. gravée par *N. Macret.*

133. *M. le D. de Choiseul* , .   5650 liv.

742. *Mgr. le P. de Conti* , .   5000

La Voluptueuse. H. 3 pi., L. 2 pi. 6 po.
   T. gravée par

135. *M. le D. de Choiseul*, . .   2500 liv.

743. *Mgr. le P. de Conti*, . .   3601

Deux Buftes de Femmes, dont un repréfente la Modeftie. H. 21 po., L. 17 po.
   T. de forme ovale.

208. *M. de Boiffet* , . .   4799 liv. 19 f.

   H I R E. (Laurent D E L A)

Les Enfans tués par les Ours pour avoir
   infulté le Prophête Elyfée. H. 3 pi. , L.
   4 pi. T.

51. *M. le Marquis de Menars* , .   5710 liv.

Un Payfage où l'on voit des Femmes qui
   fe baignent. H. 2 pi., L. 2 pi. 6 po. T.
   Il a été gravé par *Godefroy* en 1779.

67. *M. Vaffal de St. Hubert*, .   2500 liv.

579. *Mgr. le P. de Conti ,*   . .   3400 liv.
 16. *M. Trouard,* 1779 ,   . .   3000

J O U V E N E T. (J.)

Le Sacrifice d'Iphigénie. H. 6 pi. , L. 4
   pi. T. ceintrée du haut.
636. *Mgr. le P. de Conti ,*   . .   1350 liv.
 58. *M***. Boileau ,* 1779 ,   .   850

L A G R É N É E l'aîné. (M.)

Le Sacrifice de Polixene : ce fujet, com-
   pofé de fix figures , eft peint avec toute
   l'énergie dont il étoit fufceptible. Il fait
   partie du Cabinet de *M. le Comte de Merle.*
   Il porte 3 pi. 2 po. de haut fur 2 pi. 6
   po. de large. T.

Des Nymphes au bain : l'une d'elles joue
   avec un enfant qu'elle baigne. Ce Tabl.,
   du même Cabinet , fait pendant à celui
   de M. Callet & mérite les mêmes éloges.

Des Femmes au bain au bord d'une riviere
   à l'ombre d'un bois touffu. H. 21 po. ,
   L. 26 po. T.
 50. *M. le Marquis de Menars ,*   2271 liv.
                         M. de Courmont.

84   E C O L E

La Grénée le jeune. (M.)

La Préſentation de N. S. au Temple. H.
   15 po. 6 lig. , L. 20 po. B.

  79. M. le D. de Grammont , .   820 liv.

747. Mgr. le P. de Conti , . .   1205

Mars regardant Vénus endormie. H. 24
   po. T.

100. M. le Comte du Barry , .   1450 liv.

744. Mgr. le P. de Conti , . .   2001

LÉPICIÉ. (M.)

L'intérieur d'une Douane , & un Jour de
   Marché dans une Halle. H. 3 pi. , L. 5
   pi. T.

9 & 10. M. l'Abbé Terray , . .   3821 liv.
    Il les fit faire à cet Artiſte.

54. M. le Marquis de Menars ,   3000

LORRAIN. (Claude Le)

Deux Payſages, dans l'un deſquels on remarque un homme , deux femmes , & un
   enfant aſſis au bord de l'eau.

200. M. de Gagny , .   23999 liv. 19 ſ.

Vue de Campo Vaccino , & pour pendant, un
   Port de Mer : les figures ſont par J. Miel.

H. 20 po., L. 26 po. T. Ils viennent du
Cabinet de *Mde. la Comtesse de Verrue*, où
ils furent vendus . . . . . 3350 liv.

23. *M. Gaignat* , ... 6200

195. *M. de Gagny* , ... 11904

104. *M. Poullain* , ... 11003

M. le D. de Brissac.

Un Paysage dont le fond est orné de fabriques & d'un aquéduc. H. 2 pi. 2 po.,
L. 3 pi. T.

196. *M. de Gagny* , . . . 10000 liv.

Un Temple, près duquel on remarque Enée
& son pere Anchise ; dans l'éloignement
on apperçoit à la rade la flotte Troyenne.
H. 37 po., L. 50 po. T. du Cabinet de
Mde. la Comtesse de Verrue.

427. *M. de Fonspertuis* , . . 2001 liv.

197. *M. de Gagny* , . . . 9900

Deux Paysages maritimes ; dans l'un ce
Peintre y a représenté les Pélerins d'E-
maüs. H. 3 pi., L. 4 pi. T.

31 & 32. *M. le Comte de la Guiche*, 8001 liv.

Le Soleil levant & le Soleil couchant. H.
27 po. 6 lig., L. 36 po. T. viennent du

F 3

Cabinet de *M. Creffent*, & font décrits dans le Catalogue fous les n°s. 83 & 87.

138. *M. de la Roque* , . . . 2301 liv.

Junon confie Io aux foins d'Argus ; pour pendant , Mercure l'endormant au fon de fa flûte. H. 18 po. , L. 27 po.

124 & 125. *M. le D. de Choifeul* ,   6750 liv.

544. *Mgr. le P. de Conti* , . . 7900

M. le D. de Chabot.

M O I N E. (F. L E)

Adam & Eve féduits par le ferpent. H. 2 pi. , L. 1 pi. 6 po. C.

688. *Mgr. le P. de Conti* ,   6999 liv. 19 f.

114. *M. Poullain* , . . . 5751

La Transfiguration de N. S. Efquiffe terminée *du Plafond des Jacobins de la rue du Bacq.* H. 46 po., L. 36 po. T.

77. *M. de la Live de Jully* , . ·   400 liv.

17. *M. de Nogaret* , 1782 , . .   220

L'Affomption de la Vierge. H. 2 pi. 10 po., L. 3 pi. 5 po. T.

C'eft le petit Tableau du grand qui eft peint dans *la Coupole de la Chapelle de la Vierge à S. Sulpice.*

184. *M. de Boiſſet* , ... 6000 liv.

Diane découvrant au bain la groſſeſſe de Califto. H. 2 pi. 2 po. L. 2 pi. 9 po. T.

657. *Mgr. le P. de Conti* , . . 1401 liv.
  Attribué à *Louis Galloche.*

82. *M***. Boileau* , 1779 , . 910
            M. le M. de Champgrand.

Un Payſage avec rochers & fabriques : on y remarque une chûte d'eau & pluſieurs figures , dont un homme qui deſſine. Ce Tableau peint en Italie a 2 pi. 1 po. de diametre. T. de forme ronde.

690. *Mgr. le P. de Conti* , . . 900 liv.
            M. le Comte de Merle.

N A I N. (L E)

Son Portrait par lui-même. H. 14 po. , L. 11 po. B.

557. *Mgr. le P. de Conti* , . 1010 liv.

107. *M***. Boileau* , 1779 , 440 liv. 1 ſ.

Un Maréchal à ſa forge. H. 25 po. , L. 22 po. T.

127. *M. le D. de Choiſeul* , . . 1008 liv.

553. *Mgr. le P. de Conti* , . . 2460

F 4

N A T O I R E. (Charles)

L'Adoration des Rois. H. 8 po., L. 6 po. 6 lig. C. de forme ovale.

  88. *M. Lempereur* , . .   999 liv.
185. *M. de Boiſſet* , . .   1799 liv. 19 ſ.

Triomphe de Bacchus , & celui d'Amphy-trite : ils ſont gravés par *Moitte.*

  95. *M. de la Live de Jully* , .   855 liv.
16. *M. Bourlat* , ... 3001

P A R O C E L. (J.)

Une Bataille , gravée par *F. Baſan* , ſous le titre de *la Défaite des Ligueurs par Henri IV.* H. 2 pi. 1 po. , L. 3 pi. 4 po. 6 lig. T.

  49. *M. de la Live de Jully* , .   425 liv.
626. *Mgr. le P. de Conti* , . .   1030
  25. *M. Trouard* , . . .   272
                         M. le Baron de S. Julien.

P A T E L le Pere. (P.)

Un Payſage orné d'Architecture , où l'on voit le Centenier ſe préſentant devant N. S. Les figures ſont peintes par *E. le*

Sueur : on en compte 57 fur différens plans , dont les plus grandes ont 3 po. de proportion.

227. *M. de Jullienne* , . . 2031 liv. 1 f.

P A T E R. (J. B.)

Le Bal , connu par l'Eftampe gravée d'a-près *Wateau.* H. 1 pi. 10 po. , L. 2 pi. 1 po. T.

223. *M. de Gagny* , . . . 2000 liv.

95. *M. de Nogaret* , 1782 , . 1500

P I E R R E (J. B. M.)

Pfyché défolée eft retirée par quatre Naïa-des du fleuve où elle s'étoit jettée. H. 2 pi. 8 po , L. 3 pi. 6 po. T. de forme ovale.

80. *M. le Marquis de Menars* , . 680 liv.
M. Veftris.

P O U S S I N. (Nicolas)

Les fept Sacremens. H. 3 pi. 6 po. , L. 5 pi. 6 po. T.

539. *Mgr. le P. de Conti* , . . 3000 liv.

Une Fête en l'honneur du Dieu Pan , com-pofition de dix figures. H. 3 pi. 6 po. , L. 4 pi. 3 po. T.

165. *M. de Boiffet*, . . 14999 liv. 19 f.

Jupiter allaité par la Chevre Amalthée.
H. 3 pi., L. 3 pi. 8 po. T.

194. *M. de Gagny*, ... 8500 liv.

RAOUX. (J.)

Dibutade faifant le Portrait de fon Amant.
H. 3 pi. 4 po., L. 2 pi. 7 po. T.

177. *M. de Boiffet*, . . 5999 liv. 19. f.

L'intérieur d'un Temple dédié à Priape ;
ce Tableau eft gravé par *Beauvarlet*. H.
2 pi. 9 po., L. 2 pi. 3 po.

651. *Mgr. le P. de Conti* , . . 3599 liv.

Deux Femmes faifant de la Mufique. H.
2 pi. 1 po., L. 1 pi. 9 po. T.

176. *M. de Boiffet*, ... 5400 liv.

Une jeune Fille fortant du bain. H. 8 po.,
L. 6 po. T.

138. *M. le D. de Choifeul* , . . 800 liv.

652. *Mgr. le P. de Conti* , . . 871

92. *M. de Nogaret*, 1782 , . 800.

SANTERRE. (J. B.)

Adam & Eve dans le Paradis Terreftre. H.
7 pi., L. 5 pi. 5 po. T.

218. *M. de Gagny* , . . . 12400 liv.

La Coupeuse de Choux. H. 3 pi. 3 po., L. 2 pi. 7 po. T.

219. *M. de Gagny* , . . . 3215 liv.

110. *M. Poullain* , . . . 6899 liv. 19 f.

M. le D. de Chabot.

S U B L E Y R A S. (P.)

S. Bafile célébrant le facrifice de la Meffe. H. 4 pi. 1 po. L. 2 pi. 4 po. T. ceintré.

181. *M. de Boiffet* , . . 6799 liv. 19 f.

La Courtifane Amoureufe, & le Faucon. H. 11 po., L. 8 po. gravés à l'eau-forte par *M. Pierre.* Ils ont appartenu à *M. le D. de St. Aignan.*

182. *M. de Boiffet* , ... 1100 liv.

23. *M. Trouard* , ... 600

Ils furent retirés, & c'eft M. de S. Julien qui les poffede aujourd'hui.

S U E U R. (Euftache L E)

Un Sujet Allégorique repréfentant le Miniftre d'Etat. H. 2 pi. 7 po., L. 2 pi. 2 po. T. de forme ovale. Il eft gravé par *Tardieu.*

15. *M. Potier*, 1755 , . . . 1500 liv.
Retiré par la famille & vendu
à l'amiable 2400
171. *M. de Boiſſet* , ... 10000

M. le D. de Chabot.

Jéſus-Chriſt guériſſant l'Aveugle né. H. 18
po., L. 24 po. B.

M. le D. de Tallard eut ce Tableau pour
1500 liv.

Il fut acheté à la vente de ſon
Cabinet, n°. 170 , . . 1820

Pour le Roi de Pruſſe.

T R O Y. (J. F. D E)

Armide ſur le point de poignarder Renaud,
eſt déſarmée à la vue de ce Héros en-
dormi. H. 4 pi., L. 6 pi. T.

81. *M. Lempereur*, ... 1212 liv.
603. *Mgr. le P. de Conti* , . . 821

V A N L O O. (Carle)

Le Mariage de la Vierge; Tableau peint
en Italie. H. 22 po., L. 32 po. T.
ceintrée.

186. *M. de Boiſſet* , ... 6000 liv.

L'Adoration des Bergers. H. 24 po. 6 lig.,
  L. 20 po. T.

  84. *M. Lempereur* , ... 4800 liv.
187. *M. de Boiffet* , ... 3002

Allégorie fur la Maladie de *Mde. la Mar-*
  quife de Pompadour. H. 28 po. , L. 24
  po. T.

123. *M. le M. de Menars*, 17°2 , 2661 l. 1 f.

Les quatre Arts. T. de forme ronde; 30 po.
  de diametre. Ils font gravés par *E. Fef-*
  fard.

124. *M. le M. de Menars*, . . 3100 liv.

Jupiter & Antiope. H. 22 po., L. 26 po.
  T. gravé par *le même.*

132. *M. de Menars*, ... 3151 liv.

Enée portant fon pere Anchife , & fuivi
  de fon fils Afcagne. H. 3 pi. 4 po., L.
  3 pi. 3 po. T. Ce Sujet eft gravé par
  M. Dupuis.

  67. *M. Louis - Michel Vanloo* , 4020 liv.
  88. *M. de la Live de Jully* , . 2000
710. *Mgr. le P. de Conti* , . . 7225

Un Bacha faifant peindre fa Maîtreffe : ce
  Sujet a été gravé par *Lépicié*. H. 23 po.,
  L. 27 po. 6 lig. T.

266. *M. de Jullienne* , . . . 5002 liv.

            M. de Presle.

N. S. apparoiſſant ſous la forme d'un Jardinier à la Madeleine. H. 2 pi., L. 1 pi. 6 po. T. gravé par *S. Carmona.*

41. *M. Cayeux*, 1769, . . . 600 liv.

98. *M. de St. Hubert* , . . . 1600

Ste. Clotilde : Eſquiſſe avancée du Tableau qui eſt dans *la Chapelle du Château de Choiſi-le-Roi.* H. 27 po. L. 17 po. T.

70. *M. Louis-Michel Vanloo* , . 720 liv.

712. *M. le P. de Conti* , . . . 501

567. *M. l'Abbé de Juvigny* , . . 400

86. *M***. Boileau* , 1779 , . 360

V A N L O O. (François)

Galatée ſur les eaux. H. 3 pi. L. 6 pi. 3 po. T.

75. *M. Louis - Michel Vanloo* , 1680 liv.

85. *M. Lempereur*, ... 1501

717. *Mgr. le P. de Conti* , . . 1700

V E R N E T. (Joſeph)

Les Baigneuſes : Sujet gravé par *Balechou.* H. 24 po., L. 30 po. T.

73. *M. d'Hericourt*, 1766 , . 3531 liv.

132. *M. le D. de Choiseul*, . . 5950 liv.

734. *Mgr. le P. de Conti*, . . 5100

Une Vue Maritime : on voit trois hommes, dont un pêche à la ligne , & des Matelots faisant du feu. H. 18 po. , L. 2 pi. T. Elle est gravée par *M. de Marcenai.*

104. *M. de la Live de Jully*, . 500

108. *M. de St. Hubert* , . . 1131

738. *Mgr. le P. de Conti* , . . 733

49. *Mde. de Jullienne* , . . 420

Le Matin & le Midi , gravés par *J. Aliamet.* H. 11 po., L. 16 po. C.

42. *M. le Marquis de Villette,* . 1210 liv.

205. *M. de Boisset* , ... 4000

37. *M. Trouard* , ... 3000

M. le Marquis de Champgrand.

Vue de la Ville d'Avignon , du côté du Rhône ; elle est peinte en 1757. H. 3 pi. , L. 5 pi. 7 po. T.

82. *M. Peillhon* , . . . 4000 liv.

202. *M. de Boisset* , . . 4199 liv. 19 f.

M. Aubert.

Deux Tableaux , dont un représente une Tempête au bord de la mer : il est peint en 1754. H. 2 pi. 8 po., L. 4 pi. 3 po. T.

137. *M. le M. de Menars*, 1782, 6621 liv.

Deux autres peints à Rome en 1748. H. 2 pi., L. 3 pi. T. le premier repréfente un Port de Mer, & l'autre un Naufrage.

81. *M. Peillhon*, 1763 , . . 3514 liv.

M. de la Briche.

Une Tempête & un Temps Calme. H. 2 pi. 4 po. , L. 4 pi. 8 po. T.

203. *M. de Boiffet* , ... 8540 liv.

Premiere & deuxieme Vue du Levant : elles font gravées par *J. Aliamet.* H. 11 po. , L. 16 po. C.

43. *M. le M. de Villette*, 1765 , 1400 liv.

Un Port de Mer orné de Figures, Architecture & Payfage. Ce Tableau, peint à Rome en 1750, porte 2 pi. 6 po. de haut fur 3 pi. de large. T. : il a été gravé par *Daullé*, fous le titre *de différens travaux d'un Port de Mer.* L'Eftampe fe trouve chez *Buldet.*

70. *M. Peillhon* , ... 1858 liv.

288. *M. de Jullienne* , . . . 3915

Pour l'Angleterre.

La

La Vue d'un Port de Mer : fur la droite on voit un Arc-de-triomphe & un mole ; fur le Port nombre de figures de différentes Nations, parmi lefquelles on remarque un Négociant de retour dans les bras de fon époufe ; elle eft accompagnée de fes enfans : à la gauche, plufieurs Vaiffeaux, dont deux prêts d'entrer tirent un coup de canon : la vapeur répandue dans ce Tableau annonce un Soleil couchant.

Le Pendant repréfente une Vue Maritime ; fur le devant plufieurs Pêcheurs en différentes occupations : le fond eft terminé par une Ville qui fe détache fur un ciel très-couvert où l'on voit un Arc-en-ciel.

Ces deux Tableaux, faits en Italie, dont les détails font du deffin le plus correct, peuvent, par le charme de la couleur, fe foutenir auprès des plus beaux *Claude Lorrain :* ils font partie du Cabinet de *M. le Comte de Merle.* H. 3 pi. 5 po. 6 lig., L. 4 pi. 10 po. 6 lig. T.

G

V I E N. (N.)

M. le D. de Briſſac poſſede le Tableau de *M. Vien*, repréſentant la Marchande d'Amours : ce ſujet eſt connu par l'Eſtampe qu'en a gravé *M. Beauvarlet.*

W A T T E A U. (Antoine)

Fête Vénitienne, gravée par *L. Cars.* H. 20 po., L. 17 po. T.

250. *M. de Jullienne*, 1767, 2615 liv.

178. *M. de Boiſſet*, 1777, 2999 19 ſ.

La Sérénade Italienne; Tableau compoſé de ſix figures de caractere dans un jardin. H. 13 po., L. 10 po. B. Il eſt gravé ſous ce titre par *Scotin.* Il vient du Cabinet de *M. Titon du Tillet.*

251. *M. de Jullienne*, . . . 1051 liv.

179. *M. de Boiſſet*, ... 2600

 74. *Mad***. le Brun*, 1778, 2100

109. *M***.* 10 Déc. 1778, . 1300

Une vieille Femme filant, une plus jeune qui brode, un Enfant appuyé ſur un oreiller, un autre tenant un chat, &c. H. 13 po., L. 15 po. 6 lig. vélin.

221. *M. de Gagny*, ... 3000 liv.
     M. le Chevalier Lambert.

Les Champs Elyfées. H. 12 po. , L. 15
 po. B.

222. *M. de Gagny*, ... 6505 liv.
     M. d'Azincourt.

Fin de la premiere Partie.

ECOLE DES PAYS-BAS.

ECOLE FRANÇOISE.

TABLE

M. le D. de Brissac.

Dernier art. de la p. 19.
Troisieme art. de la p. 30.
Deuxieme art. de la p. 38.
Deuxieme art. de la p. 41.
Dernier art. de la p. 58.
Le prix au haut de la p. 59.
Dernier art. de la p. 84.
Le prix au haut de la p. 85.

M. le Maréchal de Noailles.

Deuxieme art. de la p. 30.
Deuxieme art. de la p. 35.
Dernier art. de la p. 36.
Le prix au haut de la p. **37.**
Quatrieme art. de la p. **42.**
Deuxieme art. de la p. **44.**
Dernier art. de la p. **55.**
Premier art. de la p. **57.**
Troisieme art. de la p. **58.**
Troisieme art. de la p. **61.**
Premier art. de la p. **65.**
Premier art. de la p. **66.**

M. le Comte de Merle.

M. le Duc de Chabot.

M.

M. Dennery.

Dernier art. de la p. 76.
Le prix au haut de la p. 77.
Deuxieme art. de la p. 77.

M. le Noir Dubreuil.

Dernier art. de la p. 79.
Le prix au haut de la p. 80.

M. de St. Yves.

Premier art. de la p. 80.

M. de St. Hilaire.

Dernier art. de la p. 27.
Le prix au haut de la p. 28.

M. Aubert.

Dernier art. de la p. 10.
Le prix au haut de la p. 11.
Troiſieme art. de la p. 95.

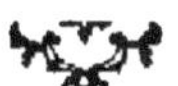

nées : le tout conformément aux articles IV & V de
l'Arrêt du Conseil du 30 Août 1777 , portant Réglement sur la durée des Priviléges en Librairie. Faisons
défenses à tous Imprimeurs , Libraires, & autres
personnes, de quelque qualité & condition qu'elles
soient, d'en introduire d'impression étrangère dans
aucun lieu de notre obéissance ; comme aussi d'imprimer, ou faire imprimer , vendre , faire vendre,
débiter, ni contrefaire ledit Ouvrage, sous quelque prétexte que ce puisse être, sans la permission
expresse & par écrit dudit Exposant, ou de celui
qui le représentera, à peine de saisie & confiscation
des exemplaires contrefaits , de six mille livres d'a-
mende, qui ne pourra être modérée pour la premiere
fois , de pareille amende & de déchéance d'état en cas
de récidive, & de tous dépens, dommages & inté-
rêts, conformément à l'Arrêt du Conseil du 30 Août
1777, concernant les Contrefaçons. A la charge que
ces Présentes seront enregistrées tout au long sur le
Registre de la Communauté des Imprimeurs & Libraires de Paris, dans trois mois de la date d'icelles ;
que l'impression dudit Ouvrage sera faite dans notre
Royaume , & non ailleurs, en beau papier & beau
caractère , conformément aux Réglemens de la Librairie , à peine de déchéance du présent Privilége ;
qu'avant de l'exposer en vente , le Manuscrit qui
aura servi de copie à l'impression dudit Ouvrage,
sera remis dans le même état où l'Approbation y
aura été donnée, ès mains de notre très-cher & féal
Chevalier, Garde des Sceaux de France, le sieur
HUE DE MIROMENIL, Commandeur de nos Ordres ;
qu'il en sera ensuite remis deux exemplaires
dans notre Bibliothéque publique , un dans celle
de notre Château du Louvre , un dans celle de
notre très-cher & féal Chevalier , Chancelier de
France , le sieur DE MAUPEOU , & un dans celle
dudit sieur HUE DE MIROMENIL. Le tout à peine
de nullité des Présentes ; du contenu desquelles vous
mandons & enjoignons de faire jouir ledit Exposant & ses hoirs, pleinement & paisiblement, sans
souffrir qu'il leur soit fait aucun trouble ou em-
pêchement. Voulons que la copie des présentes ,
qui sera imprimée tout au long au commencement

ou à la fin dudit Ouvrage, soit tenue pour due-
ment signifiée, & qu'aux copies collationnées par
l'un de nos amés & féaux Conseillers - Secrétaires
foi soit ajoutée comme à l'Original. Commandons
au premier notre Huissier ou Sergent sur ce requis,
de faire, pour l'exécution d'icelles, tous Actes
requis & nécessaires, sans demander autre permission, & nonobstant clameur de Haro, Charte
Normande, & Lettres à ce contraires : Car tel est
notre plaisir. Donné à Paris, le neuvième jour
d'Avril, l'an de grace mil sept cent quatre-vingt-
trois & de notre règne le neuvième. Par le Roi en son
Conseil. *Signé*, LE BEGUE.

*Registré sur le Registre XXI de la Chambre Royale
& Syndicale des Libr. & Impr. de Paris, N. 2753, fol.
861, conformément aux dispositions énoncées dans le
présent Privilége ; & à la charge de remettre à ladite
Chambre les huit Exemplaires prescrits par l'Article
CVIII du Réglement de 1723. A Paris, ce 14 Avril
1783.* FOURNIER, *Adjoint.*